中国私家车市场

ZHONGGUO

SIJIACHE

SHICHANG

XIAOFEI XINGWEI YANJIU

消费行为研究

唐毅青 著

西南财经大学出版社

四川·成都

图书在版编目(CIP)数据

中国私家车市场消费行为研究/ 唐毅青著.—成都：西南财经大学出
版社，2023.9
ISBN 978-7-5504-4816-2

Ⅰ.①中… Ⅱ.①唐… Ⅲ.①汽车—国内市场—消费者行为论—
研究—中国 Ⅳ.①F724.76

中国版本图书馆 CIP 数据核字(2021)第 043945 号

中国私家车市场消费行为研究

唐毅青 著

策划编辑:李邓超
责任编辑:雷 静
责任校对:高小田
封面设计:墨创文化
责任印制:朱曼丽

出版发行	西南财经大学出版社(四川省成都市光华村街 55 号)
网 址	http://cbs.swufe.edu.cn
电子邮件	bookcj@ swufe.edu.cn
邮政编码	610074
电 话	028-87353785
照 排	四川胜翔数码印务设计有限公司
印 刷	郫县犀浦印刷厂
成品尺寸	170mm×240mm
印 张	10
字 数	178 千字
版 次	2023 年 9 月第 1 版
印 次	2023 年 9 月第 1 次印刷
书 号	ISBN 978-7-5504-4816-2
定 价	78.00 元

前 言

我们写这本关于私家车消费行为的书，源于当我们具备出门的能力后，对汽车这种在街上来回穿梭的各式各样的交通工具产生的直观的感性认识。

直至长大以后，随着受教育水平的提高和工作的需要，我们会去中国不同的城市进行各种各样的工作和旅行。我们发现：北京、上海、广州（简称"北上广"）及成都、长沙、深圳等特大、大城市和它们周围的卫星城市，以及其他如辽宁省的吉林市、四川省的资阳市、湖南省的株洲市、广东省的东莞市等城市的交通便利情况大不相同：大（特大）城市经济发展好，交通拥堵，中小城市经济发展不如大城市好，但是交通顺畅；在交通顺畅的城市人们使用汽车的愿望比较强烈，经济发展好的大城市，人们普遍对使用汽车的愿望不是那么强烈，除非商务或其他特殊需要，人们都普遍倾向于在出行时乘坐地铁、轻轨、公交车或 BRT（城市巴士快速公交系统）来满足工作和生活的需要。这种现象引起了我们的好奇：

大（特大）城市经济发达，从街上川流不息的车流来看，汽车保有量规模较大，可人们出门却喜欢乘坐公共交通工具。

中小城市经济发展相对较慢，人们对使用汽车的愿望却比较强烈。那么，大（特大）城市的人们的购车愿望与中小城市的人们购买车的愿望有没有区别呢？

大（特大）城市的人们购买汽车的愿望比中小城市的人们购买汽车的愿望大还是小呢？大（特大）城市的人们购买汽车的愿望转换为购买动机的可能性和中小城市的人们购买汽车的愿望转换为购买动机的可能性各有多大呢？

大（特大）城市的人们购买汽车的动机和中小城市的人们购买汽车的

动机的强度有没有区别？其强度对最终的采购行为有多大的影响？

当然，对汽车的制造商来说，能在上述问题中得到一些答案是他们比较感兴趣的事情。

于是，我们通过中国对城市的分类规则，采用 2013 年《国家中长期新型城镇化规划》对城市规模的认定标准，按照行政级别、城市规模、城市经济实力和城市综合实力等标准划分一、二、三、四线城市（不包括港澳台地区）。我们对中国的东北地区、中原地区、西南地区、东南地区的 19 座包括北京、上海、广州及成都、深圳等在内的直辖市或部分副省级一、二线城市，以及包括吉林省吉林市、四川省资阳市、贵州省贞丰县、东莞市寮步镇等在内的 700 余座地级市及县级市镇三、四线城市进行研究，以了解这些城市的居民对汽车购买及使用的消费行为。人们的购买行为不仅受自己的认知、价值观、受教育程度、收入、期望和使用意愿的影响，还受群体的价值观、生活环境、职业、经济基础等因素的制约，而相应的因素是无法使用准确的数量来进行描述的。那么，在经济发展和交通环境等都各不相同的一、二、三、四线的城市里，那些关于居民购车、用车的期望、使用意愿和行为之间的比较和区别就没有了衡量的基础。通过对目前经济问题的分析方法的梳理，我们发现，使用结构方程模型，在一定的假设条件下，可以通过比较全面地设置和分析潜在变量来最终体现和观测（显性）变量的映射。在针对具体问题的情况下，设置合适的假设，结构方程可以处理较为复杂的数据关系，而分析的结果也更为准确恰当。如检验性因子分析，结构方程模型可以检验各观测变量的因子结构与假设是否相符合；如回归分析，结构方程模型可以分析自变因子和多个因变因子的影响关系；如多层次分析，结构方程模型可以分析多层次各因子间的变化关系。

通过以上描述，我们在好奇心的驱使下，查阅了大量的关于消费者的行为和与其相关的心理现象、影响因素及心理学理论方面的资料，以及与城市交通治理相关的研究，比如对不同规模的城市居民出行行为方式的考虑、城市交通运用外部成本的内部化研究、不同城市的汽车使用和汽车运用与消费者之间的相互关系的研究等。通过一定时间的琢磨，我们筛选出了以下七个潜在变量。

①满意程度：顾客对其产品拥有的明显体现的、隐含的、必须满足的需要和诉求或希望达到的阈值的程度。

②使用意愿：是否愿意使用私家车的一种态度，是否愿意继续使用私

家车，是否愿意把有车的快乐分享给周围的群体，或是受参照群体的影响放弃继续使用。使用意愿是一种高度抽象的、不能直接观察与测量的心理构念。

③感知价值：我们通常认为的"感知价值"是消费者的心理感受，如感知私家车的品质、性能、消费者自身的偏好，以及其他一些附加的可以体现或传递相应社会价值的体现。

④购买动机：是一种直接驱使消费者产生某种消费行为的心理需求，从而进行某种消费活动的驱动力，是消费者为达到消费需求而愿意采取购买行为的推动力，反映了消费者在心理、精神和感情上的需求。

⑤购买意愿：消费者愿意购买某种产品或服务的可能性，也可以说是消费者愿意采用某种特定购买行为概率的大小，是消费者的一种主观心理感受。

⑥生活方式：指不同的个体、团队集体或全体社会成员在一定的社会条件制约和价值观念引导下所形成的，满足生活需要的全部活动形式与行为特征的方式。

⑦环境刺激：指私家车使用过程中所产生的外部效应如环境污染、交通拥挤等，还包括群体效应、政府的消费政策、宏观经济环境等方面对私家车消费的各种因素的影响。

根据上述潜在变量的含义，我们查阅了大量应用心理学、消费者行为理论、城市经济、政治、社会环境资料，以及顾客使用汽车和不同城市环境下汽车消费之间的相互影响等资料，并将其进行比对及逻辑梳理，分别针对七个潜在变量设置了相应的观测变量，提出有购买汽车计划的消费者和没有购买汽车计划的消费者结构方程模型，提出调查问卷的选项问项，根据对包括人民教师、企事业员工、国家公务员、技术人员、管理人员等不同职业在内的对象的访谈，进行资料整理和归纳，设计了调查问卷初稿。我们选取了35人的调查对象，通过网上问卷调查法进行了预调查，并根据其结果，更正和调整了问卷设计中的语言错误和表达不清晰的问项，尤其是将一、二、三、四线的城市的汽车消费市场中对"汽车"的定义改为"私家车"，并对其做了更为清晰的描述。在对问卷进行了修改后，我们找到了西南交通大学的三位专家进行了咨询，最后对调查问卷进行了确定。

我们花了七个月的时间，在北京、上海、广州及成都、深圳等直辖市和部分副省级一、二线城市和吉林省吉林市、四川省资阳市、贵州省贞丰县、东莞市寮步镇等地级市及县级市镇等三、四线城市分别发放了500份问卷，发动老师、同学想方设法、千辛万苦回收问卷，经过甄别，我们共收回951份有效问卷。经过描述性统计分析，在了解抽样样本的情况后，我们对私家车市场具备的外部性进行了确定，根据城市的私家车数量、使用意愿、使用便利程度、采购及运用成本和汽车对环境的污染程度等对交通便利产生的综合影响程度，形成人们积极或消极采购或换购及使用私家车的意愿的情况，我们分别将其称为城市私家车市场具备正外部性效应或负外部性效应。

通过分析，我们发现：

在一、二线城市，购买动机对感知价值的影响作用不显著；而在三、四线城市，购买动机对感知价值有正向显著影响，这与私家车市场正负外部性有关。

环境刺激可以通过中间变量即购买动机间接影响购买意愿。在一、二线城市，私家车保有量过高带来了严重的环境污染、交通拥挤、能源安全问题，绝大多数一、二线城市政府因此实施了汽车摇号限购和利用车号限行政策，再加上本身不乐观的交通状况及昂贵的消费费用，这些都削弱了消费者的购买动机从而降低了消费者的购买意愿。而在三、四线城市，由于私家车密度相比一、二线城市较小，私家车的整体数量少，交通顺畅，附属设施基本能满足私家车的使用，私家车带来的拥堵、污染等现象相对还不明显，人们拥有汽车及使用汽车的意愿较为强烈，这样的大环境增强了消费者购买私家车的动机，使消费者购买私家车的意愿强烈。

生活方式方面，一、二线城市的生活方式对使用满意度的影响作用不显著；而在三、四线城市，私家车消费者生活方式对使用满意度有正向显著影响。

一、二线城市和三、四线城市的使用满意度对私家车消费者的使用意愿都有正向影响作用，在三、四线城市，使用满意度对使用意愿的正向影响作用大于一、二线城市。

我们因此得到了以下结论：

（1）中国一、二线城市私家车市场存在负效应，消费者对私家车的购买意愿和使用意愿较低。

（2）中国三、四线城市私家车市场存在正效应，消费者对私家车的购买意愿和使用意愿较高。

（3）中国的私家车市场消费行为。

①中国一、二线城市的私家车市场消费行为。

研究发现，在私家车市场负效应影响下，有购车计划的消费者中，期望满意度对购买意愿的直接正向影响作用最大；在无购车计划的消费者中，消费者的感知价值对使用意愿的直接正向影响作用最大。

②中国三、四线城市私家车市场的消费行为。

研究发现，在私家车市场正效应的影响下，三、四线城市大多数的消费者的私家车购车意愿和使用意愿比一、二线城市的消费者更强。在三、四线城市模型中，本书得到了一些与一、二线城市模型相同的结论，即在有购车计划的模型中，期望满意度对购买意愿的直接正向影响作用最大；在无购车计划模型中，消费者的感知价值对使用意愿的直接正向影响作用最大。与一、二线城市不同的是，在三、四线城市消费者有购车计划的模型中，购买动机对感知价值产生正向影响作用；在无购车计划的模型中，生活方式对使用满意度产生正向影响作用。

通过上述研究，我们可以在满足好奇心的情况下，对我们国家的各级政府和城市私家车顾客（包括潜在的）及私家车制造商提出以下建议：

通过政策引导，政府增加和增强公共交通的种类和推广力度，通过规划，考虑立体交通的模式创新；城市私家车顾客在政策引导下，不断调整对私家车的期望和使用感知，达到提升自身生活品质的目的；私家车制造商在政府的政策引导下，对品质、环境、价格、性能做相应的调整，使私家车成为我们幸福生活的加速器。

近年来，国家大力提倡新能源车。根据中国对新能源车的定义，其包括四种类型：混合动力型，包括插电式和非插电式；纯电动型，即主要采用电力（蓄电池）驱动的汽车；燃料电池型，是利用氢、甲醇化学反应产生电能驱动的汽车；其他新能源型，如用超级电容器等高效储能装置驱动的汽车等。新能源车对环境的影响和传统燃料汽车有着天壤之别，同时，其使用成本也和传统汽车有较大的差异。我们不禁想知道，在新能源车对环境的影响、使用成本及带给私家车消费者价值感知等多种因素的相互影响中，在中国这个具备不同的正负外部性环境下，我们的私家车消费行为会有什么不同吗？

这本书的后续相关研究中，我们在传统私家车消费行为的研究基础上，将对原调查问卷和结构方程模型的约束条件进行细化，对与新能源车相关的影响因素进行识别，看看在中国私家车市场正负外部性效应下，新能源车这个新的私家车种类的消费行为有什么不同，进而对政府和私家车消费者及私家车制造商提出相应的政策建议。

该书的出版离不开西南财经大学出版社的大力支持，在此，我们对出版社的各位老师表示衷心的感谢！

唐毅青

2022 年 2 月于内江师范学院

目　录

1 绪论

本章对该书的总体进行介绍，包括我国私家车市场正负效应下的消费行为的研究背景、研究的主要问题，以及在研究背景的基础上对研究目的、研究内容和研究意义分别进行了阐述。本章的最后提出了拟解决的关键问题及回顾该书的结构框架。

1.1 研究背景

汽车自 1885 年在德国诞生以来，已经走过了一个多世纪。以汽车为代表的交通机动化是城市经济实力的体现，推动了城市化的进程，具体表现在促进工业发展，提高社会运转效率，刺激社会消费几个方面。如今，汽车作为一种文化正改变着人们的生活，如活动范围的扩大，出行观念的改变，出行条件的改善。进入二十一世纪后，各种新式的交通工具得到了快速的发展，可是让人们觉得或实际使用最方便的、非人力驱动的工具仍然是汽车。四通八达的公路运输网络，连接着世界每一个角落，缩短了人与人之间的距离，汽车就像自然界里的蚂蚁一样沿着这些运输网络把人们和种类繁多的商品从一个个出发点送到一个个目的地。汽车作为一种普遍的、安全的、方便及较为快速的交通工具，拥有"世界第一商品"的称号，因此一个国家或地区每年制造、销售和使用汽车的数量，已经成为人们衡量其社会文明和经济发展程度的重要指标。

私家车（private cars），顾名思义就是私人自己购买的，拥有使用支配权的，在不违法的情况下可以自由地使用支配的机动车。本书的私家车特指家用的车辆，车型以轿车为主，还有一些越野车和小型面包车。自从党的十五届五中全会提出"鼓励汽车进入家庭"以来，汽车制造实现了以生产公用汽车为主转向以生产家用小汽车为主。中华人民共和国国家发展和改革委员会在《汽车产业发展政策》中提出，"汽车消费市场的健康培养和汽车良好的使用环境，以加强消费者权益的保护来带动汽车的私人消费"，以及"培育以私人消费为主体的汽车市场"。毫无疑问这些政策的提出必将使我国汽车行业成为中国国民经济蓬勃发展的动力，同时也会促进私家车消费市场的快速拓展。中国汽车市场随着我国加入世界贸易组织开始对外开放，汽车消费市场也由以政府消费为主体的公务用小汽车市场逐步转变为以私人消费为主流的小汽车市场，国内小汽车产业实现了快速发展。国内一主要汽车行业研发中心指出：2006 年国内小汽车总销售额的百分之七十七是来自个人购买，之后我国私家车保有量进入快速增长时期，2006—2011 年，全国私家车保有量从 2 333 万辆增至 7 326 万辆，每年的增速均超过 15%；另外，随着我国经济的发展和城市化水平的提高，人们收入不断增加，城市也不停地扩张，人们为了出行便利和节约时间等，购买私家车也成为家庭消费的主题，这也使得私家车的数量快速增加。截至 2017 年 3 月，据中国公安部交通管理局统计，全国小汽车保有量已达 16 400 万辆，其中个人购买的私家车占总数的 92.7%，达 15 200 万辆。综上所述，城市私家车数量的增加除了得益于国家的政策支持和居民生活水平的提高之外，还和当地的城市化进程有关。

根据 2013 年《国家中长期新型城镇化规划》对城市规模的认定标准，其按照行政级别、城市规模、城市经济实力和城市综合实力等标准划分一、二、三、四线城市（不包括港澳台地区），其中，一、二线城市包括北京、上海、广州及成都、深圳等19座直辖市和部分副省级城市，三、四线城市包括吉林省吉林市、四川省资阳市、贵州省贞丰县、东莞市寮步镇等 700 余座地级市及县级市镇等。从目前国家公开的相关资料看来，随着一、二、三、四线城市经济总量的迅速增加和城市现代化程度的不断加深，一方面使得私家车数量快速增加，另一方面也为我国的城市交通带来了许多新的问题。根据世界银行在 2016 年对我国城市交通运输的描述，我国城市交通存在的比较显著的问题如交通堵塞、交通事故、大气及环境污染等，在改革开放后期即 1990 年左右已在少数大城市里出现，现在几乎已成为所有大城市的问题。目前我国的城市化发展仍然呈现成长期的特征，却出现了发达国家在城市化发展高级阶段才有的交通拥堵等问题，使城市居民生活质量和经济活力严重下降，从而形成了负外部性。城市交通负外部性表现为：公共资源的占用、大气污染、噪声污染、交通对水体的污染、固体废物、生态环境破坏、交通拥堵、交通事故和交通公平性缺失等。城市交通负外部性的出现，无疑给城市居民的出行行为的选择和私家车消费市场带来一定程度的影响。例如，拥有私家车的居民将减少驾车出行的次数和降低换车的意愿，即将购车的居民会延后购车的时间，等等，这些现象均属于私家车市场中的负外部性特征。由此可见城市私家车数量的不断增长衍生出了许多问题。众所周知，世界上还没有一座城市能够无限制地满足私家车的增长，其后果是道路供应与交通需求之间难以平衡。可以看到机动化给城市带来的不仅仅是高速化的交通运行，同时也引发了交通拥挤、环境污染等负效应，而且后者正在削弱前者的功效。据调查，我国大部分一、二线城市已经或即将进入拥挤和堵塞时代。

随着我国私家车拥有量的不断增长，私家车的外部效应也逐渐凸显。外部效应是一个经济学名词，指一个人的行为直接影响他人的福利，却没有承担相应的义务或获得回报，亦称外部成本或溢出效应。外部效应包括正面外部效应和负面外部效应。私家车为人们带来的舒适和便利属于正外部效应；而交通堵塞、环境污染、能源危机、土地占用、人身安全等则属于负外部效应。正外部效应所带来的舒适与便利，会导致人们增强购车和使用车的意愿。而负外部效应则会增加居民的出行时间与出行成本，降低私家车的使用价值，从而导致拥有私家车的居民减少驾车出行的次数和降低换车的意愿；未购车的居民延后购车时间等。因此，无论是私家车带来的正外部效应或是负外部效应，均会对消费者行为造成一定程度的影响。

据调查，我国大部分一、二线城市已经或即将进入拥挤和堵塞时代。汽车保有量和交通设施间的矛盾不断加重大城市的拥堵程度。目前，我国北京、上海、天津、重庆、广州、郑州、成都、苏州、杭州、青岛等城市的汽车保有量已突破 200 万辆；而全国其他主要省会城市汽车保有量也均破百万辆。以北京为例，截至 2016 年 12 月底，北京汽车保有量已突破548 万辆，其中私家车占七成。面对越来越多的私家车，北京市政府制定并实施了尾号限行、征收高额停车费、汽车限购等措施。然而这些措施在解决交通拥堵等问题上已经显得力不从心。因此，私家车市场在一、二线城市中表现的负外部效应大于正外部效应。

此外，以 2011 年全国第六次人口普查（国家 10 年普查一次）数据为基础，经分析我国北京、上海、广州等一线城市及经济发展快速的二线副省级城市，其人口流动活跃程度已经低于一些经济发展好的三、四线城市。这些三、四城市生活节奏舒缓、交通较为便利、幸福指数较高等原因，使这些城市更受人们的喜爱。近几年来随着我国三、四线城市经济发展水平的不断提高，城市交通条件和经济的发展使以家庭用车为主的消费市场和汽车使用环境不断改善，国家"汽车下乡"相关政策的落实让更多的消费者即使以家庭用车为主，也能够支付私家车的费用，使汽车这种大型消费行为逐步强化。三、四线城市居民相比一、二线城市居民其工作压力较小、生活节奏缓慢舒适，甚至有更多的时间进行自驾游等休闲活动，在这种情况下的私家车的使用能够为车主节约时间，给他们带来诸多生活中的便利，提高生活的幸福指数。经调查分析，选择一辆舒适好开、属于自己私人的汽车，能让家庭享受品质生活，让工作、生活便利。提升生活品质是三、四线城市私家车消费者的最主要需求。同时，三、四线城市居民购车和换车的意愿均较为强烈，车主使用私家车的频率也较大型城市有所增加。因此，三、四线城市的私家车市场相较于大城市私家车市场具有不同的特点，私家车市场在三、四线城市中表现为市场的正外部性特征。我国三、四线城市经济发展水平不断提高，城市的交通条件不断改善，使得汽车消费逐步变成刚性需求，越来越多的人能够购买属于自己私人的汽车。

相对于一、二线城市而言，三、四线城市居民工作压力较小、生活方式较舒适，他们更偏好于提升自我的生活品质，有更多的时间进行自驾游等休闲活动。因此，私家车在三、四线城市中以正外部效应特征为主。

综上所述，在交通状况不同的城市中，私家车市场表现出不同的外部性特征。本书利用消费者行为理论和结构方程模型，在国内外对城市私家车市场消费行为理论研究基础上，采用实证研究的方法，针对我国不同交通状况的城市，分析城市私家车市场的外部性效应。在设计模型的基础上，探讨并分析影响消费者的购车行为及用车意愿的因素，并从管理者角度提出城市交通管理及发展私家车市场的相关政策建议。

1.2　研究意义

随着我国经济的发展和城市化水平的提高，人们为了出行的便利和节约时间等原因，购买私家车逐步成为家庭消费的主题，这也使得私家车的数量快速增加。私家车数量快速增加，一方面带动了汽车行业的发展，促进了经济增长；另一方面也为城市的交通带来新的问题。然而，国内外许多学者主要从城市交通的内外部性特征、城市交通拥堵治理机制、城市私家车使用成本等方面研究相关城市私家车消费问题，他们都未涉及在不同交通状况条件下，城市私家车市场的消费者行为的不同特征的研究。在交通状况良好的城市，消费者购买和使用私家车的意愿都较为强烈，而在交通状况不良的城市，居民使用和购买私家车的意愿和满意度都有所降低。因此，在不同交通状况条件下，研究私家车市场中消费者的行为问题具有非常重要的现实意义。

目前，国内外很多学者从城市交通内外部性特征的角度出发，研究由于私家车数量增加而导致的交通拥堵、环境污染、交通事故和交通公平性缺失等措施以问题，提出了增收交通拥堵费等措施以增加私家车使用成本，降低私家车使用频率，以及优化城市交通结构，从而解决城市交通拥堵带来的负面问题。诸如此类的治理政策，很有可能对城市私家车市场和汽车产业的发展产生一定程度的消极作用。然而许多学者忽略了对交通状况良好的三、四线城市私家车市场中相关问题的研究。在交通状况良好的中小城市中，私家车能够为城市居民节约时间，提供便利的服务，提高生活质量。此时，居民购买和使用私家车的意愿就较为强烈。因此，本书针对我国国情，在不同交通状况下利用消费者行为理论和结构方程模型，对城市私家车市场具有的不同效应特征进行实证分析，在此基础上讨论影响消费者购车意愿和使用行为的相关因素。此研究具有非常重要的理论意义。

1.3　研究目标

在城市交通状况不好的情况下，城市私家车的使用成本（外部成本和内部成本）将超过私家车带给车主便利性、舒适性的效用，进而降低车主使用、二次换车的意愿和频率，这使得城市私家车消费市场表现出一定的负外部性特征。在城市交通状况良好的条件下，城市私家车使用的外部成本较低，并且为车主带来较高的生活品质，此时城市私家车消费市场表现出较强的正外部性特征。在这样的背景下，本书利用消费者行为理论、产业组织理论，结合实证分析，运用统计学、结构方程模型等工具，在国内外现有的城市私家车消费市场外部性效应的研究基础之上，从消费侧效用的角度出发，对不同交通状况下的城市私家车消费市场外部性效应及其影响因素进行深入分析。我们通过问卷调查和数据分析，得到对我国政府制定交通治理政策和城市私家车消费市场具有指导作用的结论和建议。

1.4 研究内容

在现有城市私家车市场外部性效应研究的基础之上，考虑到在不同交通状况条件下城市私家车市场具有不同的外部性效应特征，本书建立结构方程模型进行实证研究，分析其影响因素及消费者在不同外部性特征下的行为。因此，本书的研究内容主要有以下几个部分：

（1）我国私家车市场具有正负两种市场外部性效应特征。

私家车的迅猛发展满足了人们的个性出行需求，但也引起了严重的负外部性问题。私家车无限量增加会给城市交通和环境造成很大的负面影响。结合我国实际情况发现，对于一、二线城市如北京市、上海市、成都市、广州市、深圳市等而言，私家车数量的增加带来的外部性问题非常严重，私家车的使用成本比较高，加之政府相继出台相关的交通拥堵治理政策，致使城市家庭购买、使用、二次换购私家车的意愿均受到影响。然而，在三、四线城市如吉林省吉林市、四川省资阳市、四川省崇州市、贵州省开阳县、贵州省贞丰县、广东省东莞市等城市，交通路况良好，城市居民使用私家车的内部和外部成本均较低。私家车为居民带来便利性的服务，同时拥有私家车也可能是身份和财富的象征，因此这些城市的居民私家车使用频率和购车意愿都会高于一、二线城市。为了分析不同类型城市在不同的交通状况下，其私家车消费市场具有的不同外部性效应特征，本书分别对一、二线特大或大型城市和三、四线中型或中小型城市居民的私家车的使用频率、购买意愿和消费满意程度进行问卷调查，筛选出私家车消费市场外部性效应影响因素，并对筛选的研究变量进行界定，建立结构方程模型，提出研究假设。

（2）城市交通拥堵的情况下，本部分对市场负外部性效应特征下的城市私家车消费者行为进行研究。

在城市交通状况拥堵的情况下，以及在城市私家车消费市场外部性效应特征下，本部分内容对影响城市私家车市场负外部性效应的因素进行分析，验证随着私家车数量的增加，没有私家车的城市居民的购车意愿、满意程度、购买动机、感知价值、环境刺激等因素对其购车的影响；同时验证随着私家车数量的增加，市场负外部性特征对城市居民使用私家车的满意程度（使用成本、便利程度、人身安全）、使用意愿、二次换购意愿、感知价值和生活方式的影响。进而分析，在市场负外部性特征下，城市私家车消费者的购车行为和用车行为。

（3）城市交通良好的情况下，本部分对市场正外部性特征下的城市私家车消费者行为进行研究。

在城市交通状况良好的情况下，以及在城市私家车消费市场外部性效应特征下，本部分内容对城市私家车市场正外部性效应下的消费行为的影响因素进行分析，验证在交通状况良好的情况下和市场正外部性特征下，城市居民购买私家车的动机、感知价值、满意程度等对消费行为的影响，以及市场正外部性特征对拥有私家车的城市居民的使用意愿、使用满意度、二次换购意愿、感知价值和生活方式的影响。进而分析，在市场正外部性特征下，城市居民购买私家车的行为和使用私家车的行为。

（4）对比分析与政策建议。

在市场正负外部性特征下，本部分内容对城市居民购买私家车和使用私家车的行为进行对比分析，找出在城市私家车外部性特征下影响城市私家车消费者行为的主次因素。进而根据不同外部性特征下城市私家车消费者的不同行为，提出对政府制定交通治理政策和对汽车市场的发展具有一定指导意义的重要建议。

1.5　拟解决的关键问题

本书的研究是建立在国内外城市私家车消费市场外部性效应的研究之上的，针对现有研究尚未涉及的重要问题进行探讨，并解决以下关键问题：

（1）在私家车数量不断增加的背景下，本书通过问卷调查，了解在不同交通状况的城市，私家车消费市场是否具有不同的市场外部性特征，进而根据不同城市私家车消费市场的外部性效应进行实证分析。

（2）在城市私家车市场具有负外部性的特征下，实证对私家车消费者的使用行为和购车行为产生影响的因素。

（3）在城市私家车市场具有正外部性的特征下，实证对私家车消费者的使用行为和购车行为产生影响的因素。

（4）调查问卷的制定。（见附录1）

1.6 研究方法及结构

本书以实证分析为主，通过建立结构方程模型，并结合 Amos 统计学软件进行验证分析，在尽可能明晰所采取的研究方法的经济学含义的前提条件下，运用统计学等研究工具，使研究更加科学。对于得到的相关结论，我们将结合现实市场情况进行分析，以使本书的研究成果既具有较好的理论创新性，又具有较强的现实意义和实用价值。具体方法如下：

（1）通过对现有消费者行为的研究结论进行梳理，了解国内外私家车市场的正效应、负效应及购买行为的研究现状，探索性地找出消费者购车的影响因素，提出理论假设并构建结构方程模型。

（2）在结构方程模型的基础上，结合国内外现有研究成果和市场调研设计本书的调查问卷。在中国具有代表性的一、二线和三、四线城市进行问卷调查，获取了样本数据 1 000 份。利用 Amos 等统计软件进行数据分析，从而验证本书的研究问题。

（3）本书研究的技术路线为：数据处理将利用回归分析、因子分析、方差分析、独立样本 t 检验等统计处理方法，对理论模型进行相应的验证。

其一，从学术研究思想的可行性角度来看，国内外消费者行为理论和城市私家车市场外部性效应研究已经为本书提供了较多方向上的参考和坚实的理论支撑，从而保证本研究既具有较强的针对性和创新性，又具有良好的可操作性。其二，从研究基础来看，笔者在消费者行为理论和统计学研究方法领域已经进行了较长时间的学习，掌握了必要的相关理论知识，在数学建模和 Amos 软件应用上也有扎实的基础，并且已经比较全面地收集了与城市私家车消费市场外部性有关的学术资料，也积累了一定的前期研究成果。因此，本书的研究目标是明确的，研究方法和技术路线是清晰可靠的，可以达到预期的目标。根据本书的技术路线（图 1-1），其思路及内容结构安排如下：

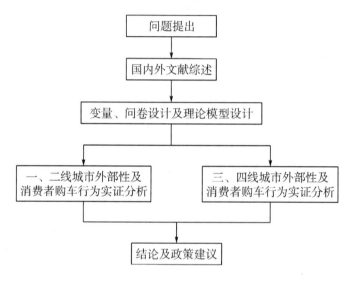

图 1-1　本书的技术路线

第一章，绪论。绪论综合介绍了本书的研究背景、研究意义及研究内容。本章对拟解决的关键问题、研究方法、可行性分析分别作了详细的阐述，并且结合技术路线对各章节内容结构进行了简要介绍。

第二章，文献综述。与本书大致相关的文献主要有以下三个方面：①消费者行为研究；②城市交通治理机制研究；③城市私家车使用分析。

第三章，结构方程理论。本章对模型涉及的理论概念及研究变量进行界定。

第四章，研究模型构建。本章对研究变量、研究假设、理论框架进行了界定、分析和论证。

第五章，研究设计。本章包括问卷设计的理念，测量指标的制定及数据收集与处理。

第六章，样本数据统计分析。本章包括样本的描述性统计分析和私家车市场的外部性比较分析。

第七章，中国一、二线城市私家车市场的消费行为研究。基于以上结构方程模型，本章对一、二线城市私家车市场的数据进行分析并得出结论。

第八章，中国三、四线城市私家车市场的消费行为研究。基于以上结构方程模型，本章对三、四线城市私家车市场的数据进行分析并得出结论。

第九章，结论与展望。本章包括对本书研究成果的总结，管理政策性的指导意见的提出，未来研究方向的展望。

2 文献综述

本书从消费者行为视角出发研究中国私家车市场的正负外部效应，这一研究主题需要多学科的理论支撑。笔者通过对消费者行为理论、城市交通治理机制、城市私家车、私家车与消费者行为等进行多方面、多层次的深入分析，为本书的研究奠定了必要的理论基础。本章的主要内容是对消费者行为领域中已有的研究进行检索，并对本书的研究问题所属研究领域已有的研究成果和研究现状进行阐述。笔者通过文献综述，指出这些研究领域中尚存在的不足和亟待解决的问题，以说明本书研究所体现的现实意义与创新性。

2.1 消费者行为研究

2.1.1 消费者行为和心理基础理论研究

消费者行为（customer behavior）的基本含义是指消费者获取、使用、处置消费物品的行为，以及消费者所采取的各种包括或先于这些行动的决策过程或行动。对消费者行为的关注最早产生于 18 世纪的英国。随着社会经济的发展，人们收入增加，导致消费增长，消费者行为作为一种社会形态在美国和法国也相继出现。为了扩大市场份额及占据有利的竞争地位，在市场营销观念的推动下，国外学术界纷纷对其进行研究。

理论界希望对消费者行为进行严格定义与界定，但研究角度和侧重点不同，加上考虑的影响因素、基础模型和分析方法等不尽相同，致使学者们对消费者行为所做的定义并不完全一致。总的来说，消费者行为理论的研究分为微观研究和宏观研究两个方面。杨晓燕（2003）认为，在宏观方面的这类研究大部分是描述性的，通常是对消费者消费行为特征与人口统计特征的描述，目前对中国消费者行为所进行的调查，多数也属于对生活方式的调查，方法是测量恩格尔等人提出的生活方式的四个维度，即从态度（attitude）、活动（activity）、观点（opinion）、人口统计特征（demographic）四个维度来描述消费者的生活方式。根据四个维度的表现，消费者可以分为若干类型，体现了消费者行为与生活消费方式的联系。在微观方面，消费者行为通常是指对具体的沟通、信息联络、对消费物品的品牌偏好程度，以及购买的决策、采购和使用等具体发生的行为进行一定的描述和说明，普遍属于解释性的研究[1]。对营销者而言，消费者的购买决策更容易被直接观察到，因此，在营销者眼里的消费行为更多地是指消费者在广告认知、信息沟通、购买决策等方面表现出的消费行为。

解释性研究可以分为阐释主义与实证主义两种。阐释主义的代表学者道格拉斯·霍尔特（Douglas B. Holt）（1997）认为，"只有将消费者所处的环境与消费者相互联系才能形成消费行为的特征，因此，消费者的行为不存在可以描述或观察到的体现共同行为的规律"[2]。实证主义的学者们却持有不同的观点，实证主义代表学者劳登（Loudon）（1993）认为，"通过对消费者消费或者购买过程中学习态度和感知认知及决策消费，以及随后的反馈过程进行分阶段分析研究，寻找出其各个阶段的消费规律"[3]。西方学者以对消费者行为的分析为基础来研究其消费模式，提出了许多经典的理论模型。例如，恩格尔（Engel）等人（1968）认为，消费者的购买行动和购买决策两个方面构成消费者行为，在具体的消费活动中，采购的决策和采购的行为这两个方面的关系是互相渗透、互相影响的[4]。简而言之，购买决策过程是消费态度的形成过程，消费者行动是购买决策的实施过程。尼科西亚和克洛克（Nicosia and Clock）（1968）指出，消费者的消费态度在购买决策过程中受各类商家所提供的各式各样、或多或少的信息影响，而购买决策则取决于消费地点、价格、服务、广告和促销等综合因素[5]。科特勒（Kotler）等人（2008）提出了消费者行为的"S模式"，即消费者在一般模式内外等不同环境、各类销售等外部信息的刺激下，消费者"黑箱"的行为成为最终处理行为，最后实现采购的决策行为[6]。霍华德和谢斯（Howard and Sheth）（1976）的模型侧重于通过对影响消费者决策过程的输入、输出、知觉及学习结构、外在变量四方面因素来进行消费决策研究[7]。

随着中国经济的发展与日益开放的市场环境，从20世纪90年代起，中国消费者心理与最终的消费行为之间的关系引起了国内外学者的广泛关注。奥利弗和邱（Oliver and Yau）（1994）对中国消费者行为从消费者文化价值观与消费者满意程度的角度来进行了描述[8]。其中不乏一些香港学者对中国女性消费群体的消费心理与消费行为进行研究。例如，苏珊和杰克（Susan and Jackie）（1997）分析比较了香港、台湾、大陆女性的消费行为，揭示了中国女性消费心理和行为在女性的角色和感知、品牌意识、价格意识、自信程度、健康意识等方面的差异性[9]。冼日明和尹锡湖（Leo Yat Ming Sin and Suk-ching Ho）应用内容分析法（content analysis）基于75篇相关文献，研究中国1979—1997年的女性消费心理和观念[10]。Yim Ling Sum（1997）认为，中国女性市场充满着无限商机，其以《正在变化的中国女性面孔》为题研究中国女性新的消费心理和观念[11]。

大陆学者邹辉文和陈德棉（2002）认为，如何满足广大消费者的心理需求是经济活动的一个出发点和根本归宿，因此对于消费者的生产和服务行为主要依赖于两个方面的考虑：一个就是他们的需求，即希望能够获得最大的经济效用；二是他们的资金和财力[12]。

因此，消费者由于受各种因素的影响，其预期收入和消费都会有一定的不确定性，从而导致系统产生具有随机性的干扰项。但是消费者的实际支出和所购买物品的价格与数量之间存在着差异，这些因素通过一定的统计调查技术手段是能够比较准确地观察到的，因而我们可以假设该系统没有任何能被观察到的干扰项。并且，消费者往往具有对学习产生"被动学习"的特点。为了促进消费者的行为能够按照我们所预期的目标发展，我们可以在经典的信息结构下对其进行随机最优化的控制，以便确定企业对其收入与消费决策的影响。该学者认为，消费者的预期愈合理，对国民经济的发展及对个人均愈有利。因此，该学者在融合了经典的消费者行为理论（消费者行为追求效用最大化）和现代的消费者行为理论（消费决策影响收入）的基础上，以此作为理论框架，建立消费者行为的动态系统模型，讨论了该系统的动态特性。

瞿佳佳（2007）以家庭为单元，结合中国城市家庭自身特有的消费现象来研究旅游消费者行为。旅游消费者的行为是旅游商品开发定位的基石与旅游营销计划的依据。家庭成员作为整个社会中最基本的消费主体，其行为上的决策往往具有内在的关联性，从一个家庭或者一个单元的角度研究一个旅游消费的行为，既能够揭示一个家庭旅游消费者的行为特征，又能够为今后进行更深层次的研究工作提供一些借鉴和参考。近年来我国家庭经济结构的变化直接给我国家庭内部的消费决策模型带来了一系列的改变，呈现出种种独特的、具有中国大陆城市家庭本身特殊性的消费特征。无论是中国经济和消费结构的变革带来的居民工作和闲暇时光的增加、可支配收入的增加、人们生活水平的提升，还是网络时代的营销手段其快捷、双向的交互模式，均极大地促进了消费行为的转型[13]。

随着中国经济的腾飞，人们对奢侈品的需求也日益增长，目前中国已经是继日本和美国之后的全球第三大奢侈品消费国，这就催生了中国奢侈品的消费行为研究。李可葳（2008）基于中法两国不同的文化背景、消费理念和奢侈品消费市场的现状，对中国和法国消费者从实证与比较两个方面进行了消费者行为研究[14]。

该研究通过对中国的社会文化历史的追根溯源和中国社会主义市场经济的发展背景的分析，深刻地剖析了当代中国的奢侈品消费行为的特殊性，归结出当代中国的奢侈品消费市场出现非理性的奢侈消费的根本原因，并通过广泛的问卷调查，运用了软件 spss14.0，采用了因子分析、方差分析和比较因子分析等方法，对调研的数据进行了处理与分析，用大量的实证分析来比较中法两国奢侈品在中国市场上的消费者行为偏好和差异，为引导中国消费者树立理性的消费观和构建中国本土奢侈品牌的营销策略提供了理论与现实的参考。

史有春、耿修林、张永健等（2010）以我国私家车和笔记本电脑市场为典型案例，根据具有关键性的描述行为变量对其他行为描述变量变化的影响，提出如果这些具有关键性的描述行为变量对人口的经济统计变化影响很大，那么在关键描述行为变量与其他行为描述变量之间，它们具有数据中介的重要作用，能够对其他描述变量数据进行直接的市场测量和细分。因此这些具有关键性的描述行为变量可以用于解释和分析预测其他行为描述变量[15]。

臧旭恒、张欣（2018）认为：当前位于中国大部分地区的城镇居民的家庭普遍存在"资产规模增长、资产结构多元化"与"消费需求相对不足"同时出现的情况。在此背景下，他们深入地分析研究了家庭资产规模结构对个体消费者购买行为的直接驱动影响[16]。

该研究主要依靠分析储蓄资产配置结构来准确识别异质性的边际消费者行为，综合分析运用控制流动性的各种约束性方法和储蓄收入理论来对各种具有异质边际财富的消费者的倾向行为进行价值估算和分析判断；并充分利用经济不确定性因素导致的各种边际财富积累，探讨了在异质性的储蓄资产配置结构下，消费者储蓄行为之间的根本区别。该课题研究不但验证了资产的变现困难程度及其在约束消费上的作用，也探索并分析了大宗消费品如住房、汽车等对预防性存款行为的影响，以及其导致的在流动性约束水平下储蓄和消费的差别。

王丽娟、刘晓鹏、丁蕾（2015）对影响职业地位与其合法收入不完全匹配的消费者的消费行为的主导因素进行了深入研究。该课题的研究主要采用的是实证检验法，以某高校专业大二年级的学生为被试者，借助有序的逻辑回归法和数据分析进行综合评价，并得出结论：一个职业地位高、合法收入低的消费者可能会在未来选择其他职业地位与收入相匹配的产品或服务；职业地位低、合法收入高的消费者为了缩小其与职业地位更高或更低的消费者的差距，往往会模仿其他更高或更低职业地位的消费者的行为[17]。

马树才、蒋诗（2015）基于跨时迭代模型与理性预期的差异化理论，建立了含有预期通货膨胀率的改变参数，即柯布—道格拉斯效用函数，探讨了不同的消费者的收入和效用之间的差异及其产生的影响。这些差异和影响随着预期通货膨胀率与收入利率的变化而变化，因此消费者在理性预期的情况下，可以合理地调整自己的收入和消费行为，以保持基础不变的效用程度[18]。

该研究利用建立的模型，对 1995—2012 年中国城镇居民的消费行为进行了大量的实证研究，结果显示：我国城镇住户在短期内的消费行为是完全具有合理性的。我们由这个模型的理论组成部分可知，在一个正常的市场经济系统内，如果一个消费者已经具有了理性的预期，那么他就会尽量地比对利率与通货膨胀情况来调节自身的消费行为，这样才能够使其效用水平保持在一个相对稳定的区间。

王文峰、徐泽汉（2015）研究了在出现商业服务失误的情况下，我国消费者沉默的消费行为。该类型的商业沉默消费行为主要包括五种：防御性沉默消费行为、无助性沉默消费行为、猜疑性沉默消费行为、亲近性沉默消费行为、漠视性沉默消费行为。其中，无助性沉默消费行为和带有猜疑性沉默消费行为很有可能会直接导致其与品牌之间的关系变得更为疏远，其他沉默消费行为没有明显的直接影响[19]。

2.1.2 影响消费者行为的因素分析

与影响消费者行为的因素有关的理论观点可分为：二因素论、三因素论和科特勒（Kotler）的四层面说等。二因素论通常将影响消费行为的因素分为两方面：一方面存在于消费者内部，如个性、意识、知觉、思维、价值观等；另一方面存在于消费者外部，如环境、文化、经济、社会阶层、家庭、其他参照群体等。三因素论在二因素论的基础上将"营销"视为影响消费者的第三个重要因素。"营销之父"科特勒将消费者行为的影响因素分为四个层面：文化、社会、个人和心理。

尼科西亚（Nicosia）、克洛克（Clock）提出了影响消费者行为的两类因素：一是环境因素，包括社会、家庭、文化、经济等；二是心理因素，包括需求、动机、个性、态度等。市场营销理论则认为影响消费者行为的主要因素可以归结为三种，即社会、文化、心理。消费者的行为决策是个人、社会、文化与心理因素共同作用的结果。可以看到，虽然这些因素被认为是无法改变的，但对于市场营销人员而言，他们可以根据来上述因素来确认产品的潜在客户群。

郭新华和夏瑞洁（2010）研究的是影响群体消费者行为的情绪、心理因素与其行为之间的相互关系，他们得出的结论是影响群体消费者行为的情绪、心理因素对其消费行为具有重要影响[20]。

在个体因素对消费者行为的影响研究方面，国外有关学者在"被破坏的社交活动的感受"的调查中采访了185名年龄为13~99岁的受访者，目的是考察年龄和性别因素对情绪反应的影响程度。其研究结果表明：愤怒和激烈等厌恶情绪在年轻人中更易产生，多数女性受情绪影响的时间要比男性长[21]。在环境因素对消费者行为的影响研究方面，海克尔（Haeckel）等（2003）分析认为服装店的服务质量、服装货品的气味、环境的喧闹程度会影响消费者的情绪。也有学者研究发现，好的环境因素如适当的灯光、音乐等对在网上采购商品的消费者的情绪没有显著影响[22]。

戴维斯（Davis）等（2008）对中国和美国的在网上购物的消费者进行了比较研究。他认为，受东西方文化的影响，两国消费者在网上采购商品的情绪反应具有差异：美国的网络消费者在低任务环境下其兴奋水平受到积极影响进而影响网上购物行为；而利用网络进行消费购物的中国消费者受低任务环境的影响不显著[23]。因此，不同文化背景会使消费者产生不同的情绪反应。

黎志成和刘枚莲（2002）基于电子商务模式下的消费者行为特点，分析了影响消费者网上消费行为的微观和宏观因素，如网络的可靠性、网站的方便性、产品的类型特点和企业形象等[24]。

蔡特哈姆尔（Zeithaml）（1988）认为消费者做购买决策，即他确定要购买某个产品，是因为他相信该产品比其他竞争品牌的产品能给他带来更大的效用或价值，是对产品及相关企业认同及接受程度最为直接的表现，因此消费者会选择感知价值最大的产品[25]。米切尔（Mitchell）（1999）认为消费者在购买时倾向于降低其感知风险而不是最大化其感知结果[26]。布鲁斯（Bruce）（2001）认为购买行为产生于购买意愿，而购买意愿的强烈程度可以衡量消费者是否会采取进一步的购买行为，这两者密切相关[27]。

高海霞（2003）对手机消费市场进行调查发现，在社会主义市场经济中，任何一个企业的生产、运营、管理都是直接或间接地围绕着广大消费者的行为展开的，其营销活动的出发点和最终目的是激发广大消费者的购买欲望和购买行为。为了达到这一目的，企业为他们提供满意的产品及周到的售后服务，这样才能够满足广大消费者对物质和精神生活的各种需求。企业也能获取更多的市场份额，创造独具特色的市场竞争优势[28]。

潘煜等（2009）研究中国顾客或消费者的采购行为与感知价值之间的相互影响。作者以手机为研究对象，以上海作为问卷调查地点，借助探索性因子进行分析和确认，获得了生活方式、顾客感知价值两个度量量表；随后根据生活方式、顾客感知价值与中国消费者购买行为之间的关系建立顾客感知价值与消费者购买行为的结构方程。研究表明，居民的生活方式直接影响消费者的购买行为，顾客感知价值间接影响消费者的购买行为[29]。

陈洁和王方华（2012）从消费者的主观角度分析了消费者希望能够直接感知和看到的商品价值，并由此形成了对两个主要消费商品的评价，即对购买产品（快速经济消费品、耐用经济消费品和实用奢侈品）及其提供服务（购买者的意愿）可能造成的价值影响的异同的评价[30]。

江逸（2019）根据我国经济学中的生活消费概念和生活消费者行为学的理论，分析了影响我国城镇居民生活消费行为的各种因素。他认为生活消费是一个宏观的变量，它是直接促进经济快速发展的主要因素，也是直接带动整个社会进步的主要推动力。消费需求对经济增长的直接带动作用很强。经过多年的调研分析比较发现，城镇居民的储蓄能力在市场经济制度下并不强，而且近几年还呈现明显的下滑趋势[31]。

芈凌云、俞学燕、杨洁（2018）利用探索性理论构建了知识型汽车消费者在中国新能源汽车市场上的消费行为的影响因素分析模型。结果表明：这些购买者的意愿、配套的社会基础设施及其他的费用等都可能是导致知识型汽车消费者最终选择购买新能源汽车的直接原因；一些行政方面的优惠政策可以对这些购买者产生间接的诱导作用；而对气候变化的认知、对环境保护的态度、价值观、信誉等也可能激发个人的购买意愿；社会规范、角色地位、面子文化、从众心理等通过诱导促使人们产生购买相关商品的意愿；商业信息的广泛宣传及对相关产品的专业介绍等都可以影响消费者的心理，从而间接地激发购买者的意愿[32]。

2.2　出行方式选择行为研究

通常影响城市居民出行方式的因素有出行者本人的特征、出行方式特征和交通工具特征三个方面。宗芳和隽志才（2007）认为出行者的本人特征指的是影响出行者决策的个人特征，如性别、年龄、收入、职业及其家庭成员等；出行方式特征包括出行的距离、出行的目的和出行的时段，出行的目的又可分为是工作通勤出行还是生活需要出行等，出行的时段可分为是否在高峰期出行等；交通工具特征指的是出行者使用交通工具带来的各方面的效用[33]。

近年来随着世界经济的不断发展，各个地区的城市化进程加速，城市土地的利用对居民出行行为的影响日益突出。库比（Kuby）等（2004）[34]，纳瑞萨（Narisra）（2006）[35]，卢（Loo）（2010）的研究都指出了土地利用是影响居民选择出行方式的重要因素。随着城市居民出行活动空间和范围的不断扩大，其出行选择也更加多元化：轨道交通车辆（有轨电车、地铁），出租汽车，小型汽车，公交车，飞机和轮船等[36]。莫赫塔里安（Mokhtarian）（2004）提出，不同的出行者根据各自的情况对时间价值（VOT，value of time）和舒适程度的理解各不相同，他们会根据自己的理解来选择不同的出行方式[37]。基于"期望效用理论"，学者德·帕尔玛（De Palma）（2000）[38]，亨舍（Hensher）（2008）[39]和贾洪飞等（2007）[40]研究了出行者选择出行方式的行为。在他们的研究中，出行者是追求期望效用最大化的理性决策者。

以出行者的"效用最大化"（出行者总是选择已有出行方案中效用最大的方案）为理论基础，姚丽亚等（2010）[41]基于分层逻辑模型研究出行者对交通方式的选择行为。

该研究通过对统计资料的初步分析发现：性别、职业等因素对选择方式的影响较小，45岁以下的年轻人群倾向于选择乘坐地铁；公费者倾向于出租车；有私家车的年轻人比较喜欢开自己的私家车；收入高的人群倾向于选择更私人的出行方式；上班和上学的出行者，往往倾向于选择公共交通。

桑托斯（Santos）（2010）侧重研究出行者行为决策的不确定性因素，并强调运用政府宏观调控政策来影响并改变人们出行行为[42]。胡晓伟等（2011）基于"期望效用理论"研究了各个不同阶层的出行者在出行方式的选择上的权重变化。[43]

顾玉磊等（2012）提出，出行者在从若干个起始点到达若干个终点的过程中，会根据自己所获得的资料和信息不断地做出判断，进行决策，从而选择合理的出行方案。影响他们的关键因素主要有三个，即经济、感受、时间。他基于这三个因素构建了出行的动态马尔可夫（Markov）决策模型，并以居民出行时间价值损失最小为约束条件研究了一线城市居民出行决策的规律[44]。

杨励雅等（2011）以出行链为分析单元，考虑出行链、土地利用、个人和家庭三类影响出行方式的因素，构建结构方程模型分析城市居民对出行方式的选择[45]。周家中等（2013）以充分考虑土地资源的利用情况为研究前提，基于结构方程模型，根据成都市公共交通运输出行情况资料，把出行行为作为内生潜在变量；把出行距离、出行时间和出行次数作为内生显性变量。把土地利用的属性、社会经济的属性和集体家庭的属性综合作为外生潜在的变量；把区域经济类型，出行者的专长、性别、年龄等 13 项直接影响出行的因素作为外生显性变量，分析了内生显性变量和内生潜在变量、外生显性变量和外生潜在变量，以及外生潜在变量与内生潜在变量之间的关系。[46]

邵晓双和谭德庆（2017）结合我国城市交通拥挤带来的情绪效应及从众心理在我国私家车消费市场上引起的羊群效应，并考虑我国各大城市公共交通的快速发展对我国私家车市场消费的直接拉动作用，运用微分博弈理论，对我国私家车生产制造商的汽车最优定价和最佳定价管理方法等相关问题进行了深入分析[47]。

田丽丽、张志丹、周锦文等（2012）认为，慢行交通建设是我国现代城市交通运输网络体系中必不可少的组成部分，它是一种低碳又环保的城市绿色交通出行模式，对缓解我国城市交通矛盾具有重大的意义。该课题研究采用问卷调查的方式，对天津市城市慢行车道交通建设的发展现状进行了分析。从认知、设计、管理三个方面阐明了天津市在慢行交通建设和发展中所面临的机遇和挑战，并基于慢行交通的特征、功能，深入地探讨了其未来发展的巨大潜力[48]。

刘向、董德存、王宁等（2019）根据对出行者选择出行方式的调查，应用离散模型对其结果进行了数据回归分析，探究了影响用户正常出行期间选择不同方式的主要风险，并通过综合计算分析得出各类型用户正常出行期间选择不同方式的分担率及敏感性。结果显示：汽车使用量和费用、站点间的距离、出行里程、乘坐汽车的时间、驾驶寿命、用户当前是否希望拥有私家车等多种客观因素都会对用户产生影响[49]。

2.3 私家车相关问题研究

随着中国经济的快速增长，人民生活水平日益提高，私家车已经大规模进入寻常百姓家。中国家庭和个人对私家车的购买能力逐步增强，私家车的需求也逐步扩大。汽车消费正逐渐成为一种潮流，给人们的生活带来了便利和享受。然而使用私家车所产生的成本不容忽视。

葛小抱（2013）[50]，林云华和乔正鹏（2017）[51]认为使用成本包括内部成本和外部成本。所谓内部成本，即私家车的生产成本、维护成本、购买价格、燃油价格及各种税（使用税、消费税）等。外部成本则包括：交通拥挤外部成本、环境外部成本、交通事故外部成本、土地开发使用的外部成本等。邹明辉（2014）[52]提出，机动车运行所产生的间接成本，如对城市环境、资源和城市开发的不良影响等是由社会所有人员共同分担支付的。这在一定程度上影响了社会总福利，还产生了分摊成本费用不公平的问题。

陈国鹏（2016）认为，私家车的迅猛发展引起了很多负外部性问题，如环境污染、交通拥挤、能源短缺、耕地占用等[53]。如果不对消费者进行正确的舆论引导，任由消费者快速、持续采购私家车，私家车保有量将会呈爆炸式增加；如果不对中国私家车消费市场进行调控，私家车数量的膨胀将会导致城市交通不堪重负而瘫痪，进而带来更严重的环境污染。

韩彪（2003）指出，在空间占用、能源消耗这些方面，私家车的问题是十分明显的。据政府有关单位估算，每增加一辆小型汽车所需要的城市供给道路和停车场使用地约为30平方米，再加上其他间接的交通投入，折算成总的费用不会低于一台普通小型汽车的销售价格。也就是说，购车者只要在一个城市里拥有一辆小型汽车，政府就要支付相当于一辆小型汽车售价的城市道路交通和配套设施建设资金[54]。

倪清然（2009）应用外部性理论阐述了中国私家车消费的负外部性问

题，包括能源安全问题、耕地占用问题、环境污染问题、交通拥挤问题和人身安全问题。其在结合国外成功经验的基础上提出了合理的治理对策，即提高私家车使用成本和加大公共交通财政补贴[55]。张香平（2007）明确提出，个性化、机动化的城市交通与城市提升经济实力密不可分。因为个性化、机动化的城市交通在拓宽了人们出行空间的同时，使城市的物质生活水平和品位也得到了提高[56]。

李倩（2011）通过深入研究外部经营成本合理化和内部化的相关政策与激励措施及其推动效果，进一步分析了引导我国私家车市场发展的相关政策与激励措施。私家车主的个人行为、我国城市道路公共基础交通设施和交通管理政策等都是影响成本的因素，具体包括四个主要的方面：影响私家车实际出行的直接交通费、道路公共基础交通设施的实际使用费、税收及社会保险费、维护及其他管理费。李倩在经过系统地分析后，归纳出各种内部成本的具体特点和内涵，并且综合分析确定了影响私家车实际使用的内部管理成本的计算模型[57]。

进入 21 世纪之后，中国私家车保有量年均增长率超过 10%，私家车快速增长带来的负外部性问题日益突出。因此"如何减少私家车出行行为"成为政策制定者和专家学者关注的重点。国内外许多学者从理论和实证的角度研究了私家车出行成本对私家车使用的影响。加林（Garling）等（1998）研究了影响出行者选择出行方案的几种因素：出行目的、目的地、交通工具、出行成本等。其认为适当提高私家车出行成本可以驱使私家车使用者转向选择公共交通[58]。但事实上只依靠增加出行成本来减少私家车的使用，其作用效果非常有限。美国的相关机构在一次调查中显示当汽油价格提高时，有相当比例的私家车使用者（35%）会减少私家车的使用。调查结果充分说明：影响私人汽车使用最直接的因素是油价上涨，其次是不同地区的经济发展情况。

在中国，私家车所带来的负效应在一、二线城市明显要强于三、四城市，因此一、二线城市私家车的使用状况成为国内学者的主要研究对象。易如（2009）主要研究了 2008 年 6 月我国油价大幅上调对北京私家车使用者的直接影响。油价主要通过出行性质、出行者的出行特征、替代运输工具的出行性质等对私家车使用者产生影响[59]。

汪涓等（2011）调查了北京市私家车车主购入小汽车的目的及其使用特征，结果显示：私家车车主们购车的普遍原因有"出行更自由""节省时间"等。购车动机主要取决于购车人的收入水平、职业背景和工作环境。影响私家车使用的主要因素是"交通拥堵"，经调查大多数车主认为在面对交通拥堵时，可以采取避开拥堵路段、错开高峰时间、调整出行路线等办法。而面临限行时，私家车车主们将公交、地铁、电车等公共交通作为主要出行方式[60]。

郑思齐和霍燚（2010）基于在北京市开展的主题为"家庭出行能耗与居住环境"的调查研究，分析了就业、居住及城市公共设施的空间布局对城市居民购买私家车及私家车碳排放的影响[61]。

沙辛（Shaheen）和科恩（Cohen）的研究根据的是全球三十三个从事汽车共享领域研究的专家对世界上二十一个不同经济水平的国家汽车共享行为的调查，他们指出汽车共享是有效控制私家车使用的手段。使用方便、节约费用、停车有保证等是促使人们积极选择共享汽车作为主要出行方式的因素。该研究还对比了世界各地的共享汽车的异同点，认为共享汽车有着广阔的发展前景。国内学者程伟力（2007）介绍了北美共享汽车的发展史，对其种类其性质进行了分析，分析内容包括商业模式、小汽车共用数量、会员与车辆的比例及发展趋势[62]。

边凯（2012）在总结和评述国内外相关研究的基础上，提出科学合理地发展私家车公共共乘服务系统能够充分利用其现有资源，有效提高其运营效率，在一定程度上有助于缓解我国城市交通的压力。随着拼车出行模式的广泛普及，能源消耗大大降低，城市的大气污染得到改善，从而产生了积极的社会效益和经济效益。该学者通过对中国私家车共乘可行性的研究，结合中国私家车使用的特点，提出了私家车共乘的模式和边界，以及有关共乘车辆的准入和退出的服务管理政策[63]。

刘清春、张莹莹、肖燕等（2018）认为，私家车的交通出行方式对我国各大城市交通出行能源环境碳排放的影响很大，如何有效规范我国城市居民的交通出行方式和促进他们的能源观念转变，是研究我国各大城市未来几年能否实现现代绿色轨道交通、低碳经济发展的关键。基于对济南市主城区全市居民日常出行情况的调查统计数据，本文综合分析了济南市私家车日常出行碳排放的基本特点，并运用两步估计法的综合计量分析模型，研究了济南市私家车影响碳排放的相关因素[64]。

2.4　私家车与消费者行为

随着社会整体财富的增加，私家车已经渐渐成为大众消费产品，汽车消费逐步成普通消费者能够承受的消费行为。在商品分类中，私家车属于可以向他人展示社会阶层、个人形象、消费者个性等个人信息的"自我符号型产品"。菲利普科特勒的营销理论提到，影响居民汽车消费的因素既有经济学、心理学等方面的内在因素，又有社会方面的外在因素，内因与外因共同影响着居民的消费需求和消费行为。国内外学者以环境、社会和经济为背景，在宏观层面对汽车产业的政策、消费政策等方面进行研究；微观层面从居民的角度来研究私家车消费行为及其他相关的可持续消费行为的相对较少。

购买意愿是指消费者认可某种产品或服务并愿意采购的可能性，它是消费者的主观心理感受。门罗（Monroe）和司南（Sbnan）（1985）认为，消费者的购买意图取决于他采购该商品所需付出的代价和所能获得的好处的相对关系。在感知利益最大的商品和感知风险最小的商品之中消费者往往会选择采购后者[65]。

消费者的购买行为是为了满足消费者的某种物质需求或心理需求，是在一定的购买动机的支配下产生的商品采购行为。消费者没有消费动机就不会产生采购行为，也就是没有消费动机的采购行为是不存在的。因此，私家车采购动机分为两个部分：一是从个人隐私出发，是以个人导向为主的采购动机；二是消费者受社会或团体的影响而进行的消费行为，即以社会导向为主的采购动机。邵世风（2003）从中国汽车消费环境的视角出发分析了影响消费者购买行为的因素，发现价格、品牌、居住环境、使用目的、消费者的经济实力、售后服务、汽车的性能、购车付款方式、汽车的外观款式和舒适性、购车的时机、汽车消费的法律法规等外部环境是影响消费者购车行为的显著因素。正是这些因素决定了消费者购买私家车的使用成本[66]。

鲍月（2010）总结了中国中等收入居民私家车的购买动机，其大致可以分为以下几种：生理需求动机、社会需求动机、象征需求动机、享受需求动机和认知需求动机。她以个人价值观为研究点，对中等收入群体的私家车购买动机进行研究。研究发现，中等收入消费者群体的私家车购买动机的影响因素中，价值观的影响较为显著[67]。

许亚志（2009）基于计划行为理论，结合中国居民私家车消费状况，分析了中国私家车可持续消费行为的特点，通过识别其主要影响因素及影响关系，建立了居民私家车可持续消费行为模型。研究表明，影响我国居民私家车的持续消费行为的因素中，主观性和规范对可持续消费行为的影响最大；城市配套等基础设施和公共汽车等公共交通系统对居民私人汽车的可持续消费行为具有较强的影响和推动作用；政策、法规等环境因素对私家车可持续消费行为具有推动作用。研究成果表明，城市配套、主观规范对消费者的购车行为意向产生显著正向影响，而购车态度、市场的促销、媒体宣传对消费者的购买意愿的影响基本相同[68]。

徐国虎和许芳（2010）对影响中国消费者采购新能源汽车的因素进行了研究。从对我国新能源汽车的认知状况来看，城市居民对新能源汽车的认识程度比较高，对新能源汽车保持正面态度的消费者占比也比较大，整体上这些地区的消费者对新能源汽车具备一定程度的采购意愿[69]。

杨媚茹等（2013）研究补贴政策下节能环保汽车的购买行为。该项研究指出，要加大地方政府扶持力度，保障政策执行到位。政府补贴的政策不但对消费者的购买动机有显著的影响，还作为一种调控变量，使产品的价值与消费者的购买动机之间产生相互调控的关系[70]。

唐代芬、高保生、彭建明等（2017）对重庆的私家车购买行为进行了研究。研究认为，随着重庆市实体经济的快速发展，消费者对私家车的实际消费要求越来越高，私家车厂商在国际市场中的竞争也愈加激烈，比如不断地发生价格战、品牌战、服务战、广告战等，而所有的激烈竞争都是紧紧地围绕着吸引更多消费者而进行的[71]。

消费者对汽车产品的购买意愿存在较大的差异，这种差异往往会直接地反映为消费者如何选择自己的汽车产品品牌、汽车类型、汽车质量等，还可能会间接地体现为消费者如何理解和评价汽车产品及其文化，这就构建了我们所需要关注的汽车消费者的购买动机理论。

万芳（2015）在报告中指出，随着我国大中小城市实体经济的快速发展，生活水平的提高，人们对出行的安全性的要求也越来越高。私家车的广泛普给人们带来便利的同时也给社会带来了一些负外部的影响。该课题研究对成都市私家车保有量的主要影响因素做了深入的研究，通过大量的数理分析可以看出，私家车的保有量和其他相关影响因素之间存在着的相互关系，为合理地控制和引导成都私家车市场的健康发展提供了新的方法[72]。

2.5 小结

本章对部分国内外研究成果进行了梳理和评述。我们从国内外学者关于大宗商品的消费研究中可以看到，学者认为购买的决策和实施的购买行为就可以形成商品消费，包括耐用品和奢侈品的消费。对于私家车这个耐用品而言，学者通过对城市的发展研究分析，发现特大城市和大城市的私家车消费的负外部性包括道路的拥挤和空气的污染；由于城市的聚集效应形成的市民出行行为与城市运营在经济的不断发展中形成了动态平衡，这个平衡是指拥挤、排放污染、出行行为决策和个人使用成本与社会为此付出的环境成本是合理的。

关于消费者是否使用私家车和在大城市的出行选择方面，学者用离散模型、期望模型等分析了私家车的运营成本和社会公共设施的匹配成本的相互影响；对私家车消费者及其消费行为的引导做了相应的研究，甚至在控制碳排放方面也进行了私家车消费的相应研究。

综上，研究私家车的目的是考察消费者的购买意愿和购买动机。但现有关于私家车使用的研究仅限于分析特大城市或大城市中私家车使用的内部成本和外部成本对私家车使用行为的影响，以及外部成本内部化的措施方法。在我国目前的经济体制下，在路网和环境的治理方面，一、二线城市和三、四线城市的节奏是基本同步的。这对城市的管理、私家车制造商、私家车的个人消费及政策环境都有不同的影响。城市私家车消费市场外部性效应对消费者使用私家车、购车意愿、满意程度均有不同程度的影响。然而针对在私家车保有量不断增加的情况下，中国各类城市私家车消费市场是否具备正负外部性效应，以及对消费者的购车行为的研究还比较欠缺。本书以消费者行为理论为基础，利用结构方程实证分析方法，探讨在不同交通状况背景下城市私家车消费市场的外部性效应及消费行为的影响因素。

3 结构方程理论

我们的研究方法有理论和实验等不同的方式，用传统的统计方法难以解决的问题，在经济领域可以运用实证的方法来计算各种观测数据的结果，揭示客观存在的事实和行为及其不断变化发展的现象，是目前比较有效的实验方式之一。在社会科学研究中，结构方程模型是一个比较方便、容易使用的模型，在需要对多个原因、多个结果的关系进行处理时研究人员可以利用结构方程模型，其应用领域较多，如医学研究和宏观及微观经济问题研究、军事团队管理等，尤其可应用于针对不方便或不可直接观测的变量——潜变量的分析中。结构方程作为新一代的统计分析方法在 20 世纪 80 年代迅速发展，其突破传统统计方法的局限性，成为现代多元统计分析方法里比较重要的实验应用方式。

3.1 结构方程模型简介

3.1.1 结构方程模型的概念

结构方程模型（Structural Equation Modeling，SEM）是当前一种比较常用且比较好的用于线性统计分析的建模技术，该模型通过多元回归分析、因子分析和路径分析的方式融合了经济学、心理学、社会学等多领域的关于统计分析方法中需要量化数据的要求，被广泛应用于心理学、社会学、经济学、行为科学等研究领域。结构方程模型的理论雏形产生于 20 世纪二三十年代，之后其理论经过了不断的发展和完善。结构方程模型是由欧洲瑞典的 Karlg Jorekog 在 1970—1980 年研究统计学、心理测量学时归纳总结并正式提出和运用的。随着研究的深入，到了 20 世纪 90 年代初，不同科学家根据结构方程的结构和功能又将其命名为"协方差分析"和"因果建模"。目前，结构方程模型在国外的研究与应用时间较长，是一种比较成熟但在中国的研究应用历史较短。

3.1.2 结构方程模型的结构

结构方程模型包括两种主要变量：潜变量（latent variable）和观测变量（observed variable）。在社会科学中我们发现有一些主观感觉是比较抽象的，如智力、能力、自尊、动机、雄心、信任、成功、歧视、异化、激进、满意度和感知价值等，这些概念是不能清晰和直接地用数字来直接测量的，我们将其称为潜变量。这些变量的设定可以更好地描述人们对事物的主观感受和理解。虽然一般不能被精准观测或准确测量，但是我们通过研究发现一个潜变量往往对应着多个可以精准观测的数据体现，甚至也可以用一些可观测的数据作为标志对其加以描述，我们可以称之为观测变量或显变量。观测变量往往含有大量的包括随机误差和系统误差等在内的检测误差，结构方程模型的应用是允许这些误差出现的，这样可以给我们的研究分析带来很多方便。总的来讲，我们使用的结构方程模型包括测量模型（Measurement equation）及结构模型（Structural equation）两类模型（侯杰泰，2004）[73]。

（1）测量模型。

观测变量和潜变量之间的关系可以用以下方程式表示：

$$x = \Lambda_x \xi + \delta$$

$$y = \Lambda_y \eta + \varepsilon$$

式中，

x 为外生（exogenous）指标组合而成的变量；

y 为内生（endogenous）指标组合而成的变量；

Λ_x 为外生指标与外生潜变量之间的关系;

Λ_y 为内生指标与内生潜力变量之间的关系;

δ 为外生指标 x 的误差项;

ε 为内生指标 y 的误差项。

（2）结构模型。

对于潜变量和潜变量之间的关系用如下方程式表示:

$$\eta = B\eta + \Gamma\xi + \zeta$$

各变量及符号,

η 为内生潜力变量;

ξ 为外生潜变量;

B 为内生潜力变量之间的关系;

Γ 为外生潜变量对内生潜力变量的影响;

ζ 为结构方程的残差。

以上两组模型表示各变量间的关系,结构方程的研究重点是潜变量间的关系及结构模型。

图 3-1 是一个结构方程模型示例,其中各变量及符号解释如下: ξ_1、ξ_2 为外生潜变量, η_1、η_2 为内生潜力变量, x_1、x_2 为 ξ_1 的测量指标, x_3 为 ξ_2 的测量指标, y_1、y_2 为 η_1 的测量指标, y_3 为 η_2 的测量指标, δ_1、δ_2、δ_3、ε_1、ε_2、ε_3 为对应相关指标的检测误差, λ_{x11} λ_{x21}、λ_{x32} 为相关指标在相互对应的潜变量上的因子负载, γ_{21} 表示外生变量 ξ_1、ξ_2 之间的相关性, φ_{11}、φ_{12}、φ_{21}、φ_{22} 表示外生变量 ξ_1、ξ_2 对内生变量 η_1、η_2 的影响, β_{21} 为内生变量 η_1 对 η_2 的影响, ϖ_1、ϖ_2 分别体现的是内生变量 η_1、η_2 的残差。

建立的结构方程模型为式 3-1 和 3-2。

$$\begin{pmatrix} x_1 \\ x_2 \\ x_3 \end{pmatrix} = \begin{pmatrix} \lambda_{x11} & 0 \\ \lambda_{x21} & 0 \\ 0 & \lambda_{x32} \end{pmatrix} \cdot \begin{pmatrix} \xi_1 \\ \xi_2 \end{pmatrix} + \begin{pmatrix} \delta_1 \\ \delta_2 \\ \delta_3 \end{pmatrix} \tag{3-1}$$

$$\begin{pmatrix} y_1 \\ y_2 \\ y_3 \end{pmatrix} = \begin{pmatrix} \lambda_{y11} & 0 \\ \lambda_{y21} & 0 \\ 0 & \lambda_{y32} \end{pmatrix} \cdot \begin{pmatrix} \eta_1 \\ \eta_2 \end{pmatrix} + \begin{pmatrix} \varepsilon_1 \\ \varepsilon_2 \\ \varepsilon_3 \end{pmatrix} \tag{3-2}$$

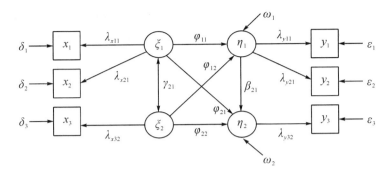

图 3-1 结构方程模型示例

其中，式（3-1）和式（3-2）为测量方程，式（3-3）为结构方程。通过使用上述模型，我们运用结构方程模型中的迭代算法就可以得到潜变量 ξ_1、ξ_2 与 η_1、η_2 之间的关系。

$$\begin{pmatrix} \eta_1 \\ \eta_2 \end{pmatrix} = \begin{pmatrix} 0 & 0 \\ \beta_{21} & 0 \end{pmatrix} \cdot \begin{pmatrix} \eta_1 \\ \eta_2 \end{pmatrix} + \begin{pmatrix} \varphi_{11} & \varphi_{12} \\ \varphi_{21} & \varphi_{22} \end{pmatrix} \cdot \begin{pmatrix} \xi_1 \\ \xi_2 \end{pmatrix} + \begin{pmatrix} \varpi_1 \\ \varpi_2 \end{pmatrix} \quad (3\text{-}3)$$

3.1.3 结构方程模型包含的统计方法及应用软件

由于结构方程模型已经包含了我们常用的统计方法，因此在上述测量模型与结构模型的基础上，结构方程模型可以做 t 检验、方差检验、回归分析、验证性因子分析及探索性因子分析等。虽然这些统计方法一般都可以用传统的统计分析软件 SPSS/SAS 来实施，但结构方程能处理更为复杂的数据关系，而分析的结果也更为准确恰当。如检验性因子分析，结构方程模型可以检验各观测变量的因子结构与假设是否相符合；如回归分析，结构方程模型可以分析自变因子和多个因变因子的关系；如多层次分析，结构方程模型可以分析多层次各因子间的变化关系。

20 世纪 70 年代中期瑞典学者 Karlg Jorekog 开发了一款统计软件 LISREL（Linear Structural Relations），该软件可以用于分析解决线性结构之间的相互关系的问题，是迄今为止被公认为最基础、最专业的结构方程模型分析工具。另一款比较流行的软件 AMOS（Analysis of Moment Structures），是 SPSS Statistics 软件包中的独立产品，是功能强大的结构方程建模工具，是对回归分析、因子分析、相关性分析和方差分析等传统多元分析方法的扩展。国内使用最多的 SEM 软件是 AMOS 和 LISERL，其中 AMOS 越来越流行。应用 AMOS 可以对任何数值变量进行建模分析，检验变量之间的相互影响及其原因；同时还可以制定、估计、评估及设定模型，建立能真实反映复杂关系的行为态度模型。在多元统计分析中，AMOS 软件能进行多元分析进而得到更加精确、丰富的分析结果。基于以上优点，本书应用 AMOS 软件进行多元统计分析以期得到更为满意的结果。其他软件如 EQS（Structural Equation Modeling）也是被广泛使用的结构方程模型的软件之一。EQS 以便利的数据处理和统计预先处理为特色，即用最先进的统计方法正确地处理非正态数据。Mplus 可以完成探索性因子分析（exploratory factor analysis）、验证性因子分析（confirmatory factor analysis）、结构方程模型（structural equation model）分析、路径分析（path analysis）、增长模型（growth modeling）分析等。此外，Mplus 还可以完成潜类别分析（latent class analysis）、潜在转换分析（latent transition analysis）、增长模型（growth model）分析、多水平模型（multilevel model）分析等。

3.2 结构方程模型的优势

结构方程模型分析与传统的统计分析方法相比，其优势突出表现在以下几个方面（Bollen and Long，1993）[74]：

（1）结构方程模型可以对多个因变量进行同时处理。

通常在传统的路径分析和回归分析中体现统计结果的图表里可以显示多个因变量，但在最终的图表显示和操作上还是要通过逐一计算每个因变量来计算回归系数或路径系数，但这实际上忽略了变量间的影响关系，而利用结构方程模型可以较好地解决这方面的问题。

（2）结构方程模型的因变量与自变量允许测量有误差值。

通常在使用结构方程模型时，某个潜变量可以用一些可观测的变量对其加以抽象和概括，比如能力、动机、行为等潜变量往往不能准确测量，因此含有不可避免的误差。而对于观测变量，其实验设计及测量手段的局限性导致了大量的测量误差，这些误差包括随机误差和系统误差，它们在结构方程模型中是允许出现的。因此用结构方程模型分析所计算的潜变量间的相关系数与用传统的统计分析方法计算的潜变量间的相关系数相比，其差别可能很大。用结构方程模型分析所计算潜变量间的相关系数可以排除误差部分，而用传统的统计分析方法计算的潜变量间的相关系数只能用指标的均值作为潜变量的观测值。

（3）利用结构方程模型能够同时对因子间的结构和相互关系进行评估。

假设我们使用对每个潜变量先用因子分析法计算潜变量与指标间的关系（因子负荷）这种传统的分析手段，需要了解潜变量之间的相关性，每个潜变量都用多个指标去测量，进而将得到的因子得分作为潜变量的观测值，那么在得到这个观测值后就又可以用这个观测值去计算因子得分的相关系数，并把计算得到的这个相关系数作为潜变量之间的相关系数，即潜变量与测量指标之间的关系和潜变量与潜变量之间的关系。但这两个是相互独立的步骤。

（4）结构方程模型允许测量模型具备更大的弹性。

传统上，我们在已有的模型基础上进行统计分析，如果要调整模型，那么只能重新设计实验并重新计算分析数据。结构方程模型的建模分析过程本身就避免了传统的统计分析方法只允许一个指标只从属于一个单一的因子的不足，在一个动态中对每一次的计算分析，都是在调整原有模型的基础上进行的，同时本次计算分析的结果是下一次模型调整的依据。因为结构议程模型的一个指标可以从属于多个因子因此其具备多重从属关系（两个以上）的复杂模型的优势。

（5）结构方程模型对整个模型的拟合程度进行较为有效的评估。

结构方程模型分析避免了传统因子分析中只能估计每一个路径（变量间关系）的强弱的不足，其结合了因子分析与路径分析。同时，除了上述参数的估计外，在判断哪一个模型更能反映样本数据所呈现的关系方面，结构议程模型还可以通过用不同的模型对同一个样本数据的拟合程度的计算来判断哪一个模型为最优。

3.3 结构方程模型的应用

3.3.1 结构方程模型的三类应用模型

结构方程模型可分为三大类（吴兵福，2006）[75]：选择模型（Alternative Models，AM）、纯粹验证模型（Strictly Confirmatory，SC）、产生模型（Model Generating，MG）。

①验证模型 SC。对研究人员来说，应用结构方程建模进行数据分析的目的就是验证模型是否拟合样本数据，其重点在于所分析的数据模型是否合理、是否符合调查数据的实际本质，以决定是接受还是拒绝这个模型。此类分析并不太多，研究者还是希望会有更好的选择机会。

②选择模型 AM。研究者先根据各个模型对样本数据拟合的优劣程度提出几个不同的模型并对模型进行取舍，可是此类分析虽然较验证模型应用得较多，但从目前实际运用来看，基于对原始模型不断修改而获得的模型为最优。

③产生模型析 MG。研究者先提出几个经检查是否拟合样本数据的基本模型，然后根据理论或样本数据，分析找出模型拟合不好的部分进行修改，继而通过先前的同一样本数据来检查修正模型的拟合程度，最后产生一个我们认为最佳的模型，目前这是最常见的一类结构方程模型。

因此，结构方程模型因可以在评估和修正模型的同时还可以验证和比较不同模型的特点而被广泛应用。

3.3.2　结构方程模型的应用步骤

结构方程模型的运用主要思路是，我们使用已经学习和理解的相关理论知识或已经被证明是真实的相关结论，通过符合逻辑的初步假设及推论，形成一个体现一组变量之间相互关系的模型，通过相应的检测和相关的查对以获得一组相应的观测变量数据和其协方差矩阵（样本矩阵），并逐步地将此模型与所掌握的样本数据进行印证；紧接着我们将假设模型和样本矩阵进行拟合程度的验证，如果客观的样本数据和假设模型能实现较好的拟合，就可说明模型成立（此种情况较少），一旦发现原始模型与样本数据拟合度不高，就要对模型进行修正，然后检验，此过程不断重复，直到最终获得一个拟合度高、各个参数估计值合理的最优模型。学者孙连荣（2005）在以上思路的基础上总结了结构方程模型的应用步骤，并简要介绍了 SEM 的特点、原理及软件应用[76]。本书对孙老师提出的结构方程模型的应用步骤进行了简单归纳，具体如下：

（1）模型的构建。

为观察变量间假设的因果关系而建立的结构方程模型分为测量模型和结构模型两部分，即

$$\text{结构方程模型}\begin{cases}\text{测量模型}\begin{cases}x = \Lambda_x \xi + \delta \\ y = \Lambda_y \eta + \varepsilon\end{cases} \\ \text{结构模型}\quad \eta = B\eta + \Gamma\xi + \zeta\end{cases}$$

模型解释参见 3.1.2 的内容。

（2）路径图。

目前流行的路径图式法是由 Wright（1934）发明的 LISREL 路径图，它能利用因果关系明确指定变量间的联系。应用路径图时要注意以下几点规则[77]：

①我们用矩形框表示观测变量，用圆形或椭圆形表示潜在变量。

②用带箭头的线段表示变量之间的关系，单箭头线段表示箭头指向结果变量，说明这两个变量之间具备因果关系；双箭头表示两个变量之间没

有因果关系但是有其他相关联系；还有一种情况，当两个变量间之间没有任何联系时，它们之间无连接线。

③用 Λ 体现潜变量和观测变量两方之间的关系。

④用 β 和 γ 表示通径系数，其中，当原因变量为内生变量时用 β 表示；当原因变量为外生变量时用 γ 表示。

（3）模型识别。

模型识别的目的是检验观测数据中任意一个自由参数是否产生唯一的估计值。另外我们按是否具备递归关系识别结构方程模型的方式，将其分为非递归结构模型和递归结构模型。模型中如果任意变量之间的关系都是单向的连接关系且是无反馈作用的因果模型，则其为递归模型；如果按变量之间的饱和程度来体现变量之间的关系，那么只要有一个变量之间没有关系（某些路径系数为零）的模型就是非饱和模型，而任一变量之间都有关系（由单向路径或双箭头弧线表示）的模型就是饱和模型。

（4）模型的估计。

结构方程模型的估计是追求样本的方差和协方差值与模型估计的方差和协方差值之间的差异最小，即残差最小。一般的应用软件如 LISREL、A-MOS 等都提供了拟合函数的估计程序，一般的估计方法有：广义最小二乘法（GLS）和最大似然法（ML）、加权和未加权最小二乘法（WLS，ULS）。广义最小二乘法通常运用一个类似样本方差、协方差矩阵逆矩阵（S-1）的权数矩阵，最大似然法具有无偏、一致、有效、渐进正态分布等性质；广义最小二乘法则需要使用一个类似样本方差协方差矩阵逆矩阵（S-1）的权数矩阵，应用这种方法时要满足观测变量为连续变量，并呈多元正态性分布的前提条件，而未加权的最小二乘法（ULS）对观测变量的数据不作正态性分布的要求；另外，如果模型存在异方差性还可以利用加权最小二乘法（WLS）对样本偏态进行处理及实行积极的替换估计。

（5）模型的评价。

综合来讲，我们可以对假设模型与样本矩阵的拟合程度进行检验，相关检验有：卡方检验（ χ^2 ，Chi-square test）、离中参数（Relative Noncentrality Indices，RNI）、省俭系数（Parsimony Indices，PI）、残差方根、（Root Mean Square Residual，RMR）、近似误差的均方根（Root Mean Square Error of Approximation，RMSEA）、阿凯克信息标准指数（Akaike Information Criterion，AIC）等。χ^2 是最常用的绝对拟合度指标，一般来说，χ^2 数值越接近于零表示检验结果差异不显著，说明模型拟合度越好；另外，χ^2 受样本容量的影响很大，其值对样本量非常敏感，当样本容量很小时，容易接受劣势模型；当样本容量大时，容易拒绝拟合很好的模型，即几乎所有的候选模型都很难通过。拟合检验成功的建议值为 $p>0.5$。RMR 是测量输入矩阵与估计矩阵件残差均值的平方根，其值越小说明模型拟合程度越高。拟合优度指数（Goodness-of-Fit Fndex，GFI）也是一类绝对拟合度指标，其值也受样本容量的影响，但程度不及 χ^2，在最大似然和最小二乘法中比较稳定。在 CFA 中，当因子载荷（factor loading）和样本容量较低时，容易接受模型；参数估计值比较低也接受模型。拟合检验成功的建议值为 $p>0.9$。拟合优度指数（Adjusted Goodness-of-Git Index，AGFI）调整后，受样本容量影响较小，可按模型中的参数估计总数对 GFI 进行调整；若估计参数相对于数据总点数越少，自由度越大，则 AGFI 接近 GFI。拟合检验成功的建议值为 $p>0.9$。通过以上绝对拟合度指标，我们可以很方便地核算出观测变量的方差协方差矩阵被模型引申的相关矩阵所预测的程度，我们日常用的相对拟合度指标有规范吻合指数（Normed Fit Index，NFI）、非规范吻合指数（Non normed Fit Index，NNFI）、比较吻合指数（Comparative Fit Index，CFI）和递增拟合指数（Incremental Fix Index，IFI）等。NFI 受样本容量影响很大，当样本容量小时模型会被严重低估，对数据非正态和小样本容量比较敏感，自由度不能控制。NNFI 不受样本容量大小的影响，在最大似然估计中稳定性较好，可以正确对待复杂模型进行惩罚，准确区分不同模型，因此被广大学者使用。但是 NNFI 在最小二乘法估计模型时较差，其估计值变化比较大，有超出 0～1 范围的情况。CFI 不易受样本容量的影响，在应用不同模型时此估计方法非常稳定，在小样本模型中拟合度仍然很好。与 CFI 功能相似的另一种指标是 RNI，是一种用来估计理论模型与实际数据之间的差距的函数。与 CFI 不同，RNI 较多应用于模拟数据方面的研究。IFI 受样本容量影响，在应用最小二乘法估计模型时优于 NNFI，但在小样本和偏差大的模型估计中应用最大似然法，容易错误惩罚简单模型，奖赏复杂模型。以上相对拟合度指标的 p 值建议为 $p>0.9$。

可以看到，以上的评价指标各有不同的特点或者说各有优与劣，我们在应用时首先要掌握相应的理论基础，然后结合实际情况去选择相应适合的指标作依据，因此很多学者推荐将 CFI、NNFI、RNI 等指数运用于实际的模型中。

（6）模型的修正。

我们通过以上评价指数对体现原始的理论模型和实际数据拟合的程度进行观察，当发现实际数据与原始理论模型拟合程度不太好时，我们就应该对原始理论模型进行修订。通常修订应遵循以下三个依据：

①应用软件 LISREL/AMOS 等输出的残差分析结果，如果残差值是实际观察值与回归估计值之间体现的差异值且是"+"，说明低估了模型里两变量的差异，必须通过适当增加变量间关系的路径来修正模型；如果其值为"－"，则说明应当适当删减变量间关系的路径以降低两变量的差异。

②可以对相应指数进行修订，若模式中对有约束的参数进行有约束的发散，可以得到改善模式的作用，那么 LISREL/AMOS 等应用软件通常可以输出修改相关指数（相关参数期望值），用来显著识别需要改动的数值的方向和大小。

③比较两个模型中相同的参数。如果相同的参数在两个模型中出现，但其中一个模型的自由参数是另外一个模型中自由参数的子集，我们可以在模型修正过程中对两模型进行卡门检验，通过检验结果的差异性显著与否来决定选择自由参数较多或较少的模型。

3.4　小结

通过对结构方程模型的基本概述，我们对结构方程的基本理论、模型概念、模型结构及应用软件有了一定的认识，同时，对结构方程模型的应用优势、广泛的应用范围和结构方程模型的三类应用模型进行了了解，对应用模型的基本思路和应用步骤有了相应的体会。这些都为我们利用结构方程的知识来解决经济方面的问题奠定了一定的基础。

4 研究模型构建

作为本书理论上的核心部分，本章涵盖了本书要进行实证分析的理论基础，其中包括中国私家车市场消费行为现象及其解释、研究变量的设定、本书理论框架的说明。

4.1 中国私家车市场消费行为现象及解释

4.1.1 中国私家车市场的正负外部性

汽车工业的发展首先催生了"社会集团"购车市场，集团型购车是中国汽车的传统消费方式。20世纪90年代以来，随着中国国民经济的蓬勃发展，人民群众物质生活及市场消费水平的不断提高，各种小型汽车的市场需求也不断增加。陶薪宇（2014）分析了我国轿车消费市场的现状和人们消费的特点，指出影响我国轿车消费市场的因素，在国家一系列汽车消费政策的影响下，集团消费在轿车市场中的地位日趋弱化，私人购车逐渐成为汽车消费市场的主要方式[78]。中国社科院发布的《中国汽车社会发展报告2012—2013》指出，中国家庭小汽车拥有量将冲破一亿辆大关，按照目前的发展速度，以家庭为统计单位，一百个家庭的私人汽车拥有量在不到十年的时间里将达到或接近60辆。2011年4月28日颁布的中国第十次全国人口普查主要数据公报显示，中国家庭数为4.015亿户。2017年3月份公安部交通管理局颁布的我国私家车数量为1.64亿辆，因此，平均每百户家庭私家车保有量已达到 41 辆。从目前的发展速度看，到 2023 年，平均每百户家庭私家车保有量预计会突破 65 辆。私人小汽车过亿标志着中国汽车消费已经进入了世界汽车大国的行列，从另一个方面体现了中国经济发展、工业发达和人民生活质量的提高。也有业内人士指出，中国私家车保有量并无准确的统计，但毫无疑问这一数字在逐年攀升且其速度惊人。不可否认，私家车给人们的出行带来了便利和享受，但同时我们也要面对私家车保有量快速增加所带来的很多负面问题，除了交通拥堵，汽车二氧化碳尾气排放所形成的温室效应也是人们关注的主要问题。此外，私家车保有量猛增带来的空气污染问题也不可小觑，中国气象局统计，2013 年北京五级污染 45 天，最严重的六级严重污染达 13 天，共 58 天，而全国平均雾霾日数为 4.7 天，2016 年北京空气五级、六级污染经过措施干预后仍有 39 天。以上数字触目惊心，令所有人都不能再淡定。汽车尾气是导致城市雾霾的主要因素，据中国中科院 "大气灰霾形成的原因与控制" 专项组公布的研究结果，对北京地区来说机动车排放的尾气已经成为形成城市 PM2.5 的最主要的来源。关于雾霾的危害性，国外研究者通过对美国若干个主要城市进行的长期研究发现，大气污染最为严重的城市其居民死亡率与空气污染最轻的城市相比，高出约 26%。

机动车的快速增长还是造成道路修建和交通需求之间矛盾的主要原因，道路交通的通畅和拥挤状况与机动车的使用有关。研究表明，凡是私人小汽车拥有量增长较快的城市，由于各类道路建设的速度远远赶不上私家车发展的速度，因此最易发生交换拥堵。但城市的道路基础设施建设比较薄弱，致使道路建设及其附属的其他设施如停车场、仓储的供应速度远远赶不上私家车的增加速度，因此交通秩序混乱和车辆乱停乱放现象也较严重，具体表现为汽车出行交通拥堵，开车的速度越来越慢及各类道路总是不够用。倪清燃（2009）提出，"到目前为止，在中国 31 个人口达百万以上的特大城市中有些城市的核心城区的交通已由于拥堵呈半瘫痪状态，绝大部分城市的日常出行的交通负荷接近饱和"[124]。但靠不断修建道路也难以维持交通供需平衡，往往是道路修得越多交通量增长得越快，交通的拥挤程度有增无减,新增的各类汽车很快填满新建的各类交通设施。另外,在一些西方发达国家如美国,其机动化进程持续了60多年,因为地域的原因其交通拥挤问题相对容易控制,其机动化程度还在不断提高,目前已经基本处于稳定平衡的状态;而中国大部分城市尚处在机动车迅速发展的初级阶段,还未达到稳定的交通供需平衡,致使以一、二线城市为代表的如北京、广州、上海、成都、深圳等城市产生了严重的交通拥堵问题,而三、四线城市如吉林省吉林市、四川省资阳市和崇州市、广东省东莞市寮步镇等为代表的城市由于经济的不断发展,其交通设施的不断完善,交通较为通畅,停车场及车辆的使用都较为便捷。针对中国的具体情况来说,私家车市场的过度发展将会使国家能源储备产生危机,由于中国的石油开采量有限,对石油的消耗和需求将越来越多,只能不断依赖进口;从1993年开始,中国因为石油进口量与日俱增已成为石油净进口国,到2003年,中国就已经成为世界上第二大石油进口国,2013年,中国石油进口依存度达到了60%,实现年度进口原油2.1亿吨。中国海关总署公布的数据显示,2017年中国进口原油达4.2亿吨创历史新高,同时价格也上升了29.6%。依据国际惯例的研究分析,如果一个国家石油进口依存度超过50%则说明该国已进入能源预警期,有关业内人士估测"中国将超过美国成为世界最大石油进口国"。虽然车轮上的生活可以带来自由和快乐,但这种自由和快乐是建立在巨大的能源消耗的基础上的,2016年,中国能源消耗已占全球23%,居世界第一。

综上所述,在中国由于经济的高速发展,以北京、广州、上海、成都、深圳等为代表的一、二线城市由于私家车的快速增加和城市的道路建设、各类私家车附属设施的增加无法做到协调发展,造成交通拥堵、空气污染等问题,严重影响了居民的日常生活。政府为解决这些问题采取限购、限号、增加用车费用等措施,希望能约束私家车的使用,从而使得私家车的购买成本和使用成本增加,导致居民购车和换车的意愿及使用行为都受到相应的影响,因此其私家车市场呈现负外部性。而中国的三、四线城市由于受到中国整体经济发展的影响,其城市交通道路建设及附属设施建设得到了较为快速的发展，城市居民的人口密度相比一、二线城市相对小，私家车的整体数量少，交通顺畅，附属设施基本能满足机动车的使用，机动车形成的拥堵、污染等现象相对不明显，人们拥有汽车及使用汽车的希望和理想较为强烈，因此，三、四线城市私家车市场呈现正外部性。

4.1.2 中国私家车消费的总体特征及影响因素

私家车消费是随着社会经济的发展、个人消费水平的提高和生活质量的改善而动态变化的。中国很多城市的人均 GDP 已经超过了 3 000 美元，而世界各国的经济发展规律告诉我们，当该国人均 GDP 达到 3 000 美元时，私家车将大规模进入家庭。目前中国很多城市的人均 GDP 都超过了这个水平，因此在相当一部分一、二线城市，采购私家车已成为一种潮流和时尚。在中国，居民收入差距较大，导致私家车消费存在不同的层次：中高端收入人群追求豪华气派，中低端收入人群追求实用、省油。现今中国已经和美国、日本等发达国家一样成为一个真正的汽车消费大国，然而消费观念仍不成熟，还存在一些盲目攀比的情况。由于我国部分消费者的从众心理，很多人不顾实际需求，"大"而"贵"成为消费者竞相追逐的目的，这就使得很多节能型小排量的汽车在市场上遭受冷遇。而在消费观念较成熟的地方，人们的汽车消费观念是实用、节能，因此道路上行驶的汽车多是小排量的私家车，尤其以两厢车为主。而在不成熟的汽车消费观念中，汽车市场的品牌和排量以奢华型为主。我们认为，汽车消费在经济和环境的不断影响下应由追求专一的奢华型向追求功能型转变，这才是中国汽车消费观念日趋成熟的具体表现。

在中国，城市化进程的加速、城市人口的增长，使得原本不完善的道路设施显得更加拥挤；不合理的城市空间规划，"摊大饼"式的道路布局，使城市人的日常出行距离越来越远。特别是在大型城市，公共交通在上下班高峰时段异常拥挤，道路拥挤、打车难等因素促使越来越多的人选择私家车作为代步工具，从某种角度来说这是无奈之举。很多人的开车心理是矛盾的，一方面，驾驶私家车会增加生活成本（私家车的使用成本、维修费用、各种税收及保险）、造成交通拥堵；另一方面，不驾车的后果可能会影响正常的工作生活，因此私家车的消费进入两难境地。中国人口众多，私家车保有量也在逐年增加，由此带来的环境污染、交通拥挤、能源安全问题也是我们必须面对的。为了治理以上问题，一些大城市实施了汽车摇号限购和车号限行政策，造成了国内汽车产业界的决策心理的不安稳和抵触，由此形成了增长和限制的矛盾。可以预料，在未来几年，随着全国二、三线城市政府对汽车销售限制政策的相继出台，汽车产业的发展和因环境等客观因素对汽车产业的限制的矛盾将会越来越突出。因此，政府部门要缓解各方面的矛盾，制定私家车发展的全面规划，引导私家车可持续健康发展。

影响私家车消费的主要因素分为内部因素和外部因素两种。内部因素包括消费者的收入水平、个人素质、生活方式、个性化偏好等；外部因素包括汽车自身的属性（品牌、价格、质量、性能等）、国家的消费政策、各种税费、售后服务、道路交通条件等。基于消费者的认知价值视角，影响私家车消费的因素又可分为：产品价值、品牌价值、售后服务价值和参照群体。私家车的产品价值涉及价格和质量两方面，高质量低价格是高产品价值的体现，这时消费者的购车可能性增加。汽车品牌价值也是一种主观价值的体现，主要来源于消费者的亲身体验。消费者对汽车企业的品牌具有直接的认知价值，消费者在拥有私家车的基础上同时拥有关于汽车企业提供的维修、保养等售后服务价值的体验，因此，优良的、细致的售后服务直接影响消费者购车行为。参照群体是指有相关性的个人价值、评价、行为的群体。消费者购买家庭轿车的消费行为一般会受到来自消费者所处的社会环境、感知形态的影响，社会关注度越高，参照群体的影响力就越大，就会直接影响消费者购车意愿。

4.1.3　中国私家车消费群体特征及需求

理解消费者才能理解市场。本书选取几个定性访谈中不同档次私家车消费者所谈到的话题，通过他们对工作、生活、理财等的理解和追求，从价值观和生活方式方面出发探析他们的购车及用车行为。

群体 A："追求高品质生活"的高档私家车（35 万~50 万元）车主。

他们的年龄在 40 岁左右，职业构成多数是私企经营者、公司高管、大学教师、医生、律师等。他们大多事业有成，家庭美满，生活富裕。他们追求健康的生活和平静的心态，有固定的社交圈子，有的还从事公益事业，有一定的兴趣爱好，如自驾游、摄影、打高尔夫等。他们大多已经是二次或多次购车。购车决策要考虑个人及公司形象、出入场合、身份匹配度等，对他们来说购车主要关注的是外观和品牌。

群体 B："奋力进取型"的中高档私家车（20 万~30 万元）车主。

他们的年龄大多在 30~40 岁，职业构成多数是中小私营业主、公司中层。他们大多已婚，并处于事业的上升期，工作繁忙且压力大，但他们无论对工作还是生活都有更高的追求。这个群体大部分是第一次购车，购车的目的，主要是代步，以方便生活，也有部分是二次购车，他们主要看重汽车品质、性能和安全性。

群体 C："舒适温馨型"的中档私家车（10 万~20 万元）车主。

他们的平均年龄为 30 岁，职业构成多数是公司白领，受教育程度普遍在大专以上。他们懂得生活，热爱生活，追求时尚，消费观超前。他们大多是第一次购车，有一定的购车能力，主要看中的是汽车的性价比和舒适感。

群体 D："经济适用型"的低档私家车（10 万以下）车主。

他们的年龄大多低于 30 岁，职业构成多数是自由职业者、刚上班的公司职员等，受过一定的高等教育。他们年轻、时尚，充满活力，并向往美好生活。他们大多是第一次购车，由于经济原因，"经济适用型"车型是他们的首选。

4.2　研究变量设计

在中国私家车市场正负效应环境下研究消费者行为，就要对影响消费者行为的因素进行全面系统的分析，即需要对这些因素的状况和性质进行描述和概括。我们在应用结构方程构建模型之前，首先要明确研究变量，而定义潜变量和观测变量就是对实际行为现象的客观抽象和具体概括，是抽象概念的可操作化结果。研究变量的提出是今后实证研究的基础，因此要明确变量的概念和抽象表达的实际意义。在管理学领域，"没有测量，就没有管理"。任何用科学发展出来的理论都要接受实证检验，即对变量所反映的行为现象进行测量。而在结构方程理论中，并不是所有变量都可以被准确直观地测量。因此，以下内容界定了本书所涉的潜变量、观测变量并对其进行描述。

4.2.1　潜变量

通过对文献综述的梳理，我们可以看出影响居民私家车消费行为的因素很多，国内外学者分别从不同的研究视角论证了影响其消费行为的因素。本书基于国内外现有研究成果，结合中国私家车消费的特点，通过访谈部分私家车车主得出影响中国私家车消费的主要因素有：

（1）满意度。

顾客满意是指顾客对可感知的某种产品的效果（结果）与期望值进行比较后所形成的感觉状态，这种状态可以是失望、愉悦或满足等。而满意度是顾客对其产品拥有的明显体现的或隐含的必须满足顾客需要和诉求的或希望达到的阈值的程度。它体现的是对产品及其涵盖的服务和其他性能及对产品或者服务本身的评价。满意度体现消费者消费的满足和快乐的程度，是一种主观上低于或者超过满足感的心理体验。不同消费者对产品和服务的诉求不同，感受和体验也不同，因此他们的满意程度是不同的，这与消费者的年龄水平、文化程度、收入状况等相关。本书将满意度分为：期望满意度和使用满意度。期望满意度是指顾客在使用产品之前对产品的期望程度，期望满意度越高越容易激发顾客的购买欲望。使用满意度是指顾客使用产品之后对产品的满意程度，使用满意度越高越容易激发顾客继续购买该产品或者置换该产品升级版的欲望。

（2）使用意愿。

使用意愿是指消费者是否愿意使用私家车的一种态度，一般是不能直接观察与测量的，是一种高度抽象的心理构念。使用意愿和很多外界因素相关，特别是与环境和参照群体相关。来自社会群体的影响是消费者改变使用意愿不可忽视的因素。有车一族是否愿意继续使用私家车，是否愿意把有车的快乐分享给周围的群体，或是否受参照群体的影响放弃继续使用，这些都是我们在潜变量设计时必须考虑的问题。

（3）感知价值。

"感知价值"也称"认知价值"，它是一种主观心理量，体现了消费者在对某种产品拥有的心理附加值和外在的物质价值的综合体验的基础上作出的主观评判。目前国际上对感知价值的理解有：以 Zeithaml（2008）为代表的价值比较观，其认为消费者感知价值是"消费者在对某一产品效用所得与所失的感知基础上所产生的总体评价"[80]；以 Sweeney 和 Soutar（2001）为代表的总体价值观认为消费者感知价值是"消费者产生消费行为所拥有的产品所获得的各种所得利益的总体评价"[81]。综上，感知价值是消费者的心理感受，而主观评价是其主要的影响因素，如感知私家车的质量、性能、消费者自身的偏好，和其他一些附加的社会价值。

（4）购买动机。

购买动机是一种消费者出于对某种消费行为的心理需求而进行某种消费活动的驱动动力，是消费者为满足消费需求采取购买行为的推动力，反映了消费者在心理、精神和感情上的需求。购买动机有如下特点：迫切性（由消费者的高强度需求引起的）、内隐性（是指消费者出于某种原因而不愿让别人知道自己真正的购买动机的心理特点）、可变性（占优势的消费需求和辅助的需求可相互转化)、模糊性(有意识的动机和潜意识的动机的组合)、矛盾性(当个体同时存在两种以上消费需求且两种需求互相抵触、不可兼得时,内心就会出现矛盾)。

(5)购买意愿。

购买意愿是指消费者愿意购买某种产品或服务的可能性,它是消费者的一种主观心理感受;或者说,购买意愿是消费者愿意采用某种特定购买行为的概率的大小。消费者的购买意愿取决于他从该商品中的获利和需付出的代价的相对关系。研究表明,消费者往往倾向于购买感知风险最小的商品而不是购买感知利益最大化的商品。我们认为消费者是在购买动机支配下产生的购买行为,而为满足某种需要而进行的购买行为是以购买动机为先导的,产生购买行为的前提就是采购动机。

(6)生活方式。

生活方式是指不同的个体、集体或全体社会成员在一定的社会条件制约和价值观念制导下所形成的,满足自身生活需要的全部活动形式与行为特征的体系。具体来说生活方式又有广义和狭义之分,狭义的生活方式指日常生活领域的活动形式与行为特征;广义的指由兴趣、爱好和价值取向决定的生活行为的独特表现形式。在这个意义上我们将生活风格概念范围内体现的生活方式进行细分,即将其称为社会文化细分或消费形态细分。通常在人口学变量的基础上,为获得消费者更为完整的消费轮廓或外延,我们增加了活动、兴趣、意见、态度、感知程度、个体偏好,用以对消费行为描述增加相关的个性变量。因此,个体、群体的生活方式可以概括地看作是个性特征的表现,同时其生活方式特指一个人或相似群体的生活、消费的总体方式。

(7)环境刺激。

环境刺激这个潜变量,不单单指私家车使用过程中所产生的外部效应,如环境污染、交通拥挤等,还包括参照群体效应、政府的消费政策、大的经济环境等方面对私家车消费的影响。

4.2.2 观测变量及其描述

上述内容对本书所涉及的潜变量作了界定,潜变量是为了更好地描述人们对事物的主观感受和理解。潜变量一般不能被精准观测,因此需要一些可观测的变量作为潜变量的标志,并对其加以抽象和概括。这里提出一些观测变量以便对潜变量进行测量。

(1)"满意度"的观测变量。

①我对私家车比较满意;

②私家车很好地满足了我的需求;

③私家车几乎是完美。

(2)"使用意愿"的观测变量。

①我经常使用私家车;

②即使使用成本高一点,我也愿意驾驶私家车;

③我会持续使用私家车;

④我会推荐朋友使用私家车。

(3)"感知价值"的观测变量。

感知价值包含感知质量、消费者偏好、感知性价比、感知社会地位。各观测变量的描述如下:

一是"感知质量"的变量描述。

①私家车的质量比较稳定,达到了可接受的质量标准;

②私家车的制作比较精良;

③私家车的安全性能比较好;

④私家车的外观及舒适度比较好;

⑤私家车现有的售后服务比较好。

二是"消费偏好"的变量描述。

①私家车是我所喜欢的;

②我很想去购买(使用)私家车;

③私家车用起来,感觉很好;

④购买使用私家车让我很开心，是我生活的一种乐趣。

三是"感知性价比"的变量描述。

①私家车的价格还是比较合理的；

②私家车的性价比还是比较高的；

③现有多数私家车还是比较经济划算的；

④购买私家车不用花费我太多精力；

⑤私家车的维修与保养费会给我的生活造成一定的经济压力。

四是"感知社会地位"的变量描述。

①拥有私家车让我给别人留下了好的印象；

②拥有私家车能提高我的社会档次；

③拥有私家车让我感觉容易被接受，能很快地融入生活圈层；

④拥有私家车使我在社会交往中更有自信。

（4）"购买动机"的观测变量。

购买动机包含追求时尚、独立自主、提高社会地位、朋友影响。各观测变量的描述如下：

一是"追求时尚"的变量描述。

①我购买私家车可以满足我新奇感觉；

②使用私家车，方便快捷，会感觉很时尚现代；

③购买私家车可以使我跟上潮流，不落伍。

二是"独立自主"的变量描述，即使用私家车让我有独立自主的感觉。

三是"实用性"的变量描述。

①驾驶私家车外出比较舒适；

②使用私家车上下班、外出旅游比较方便；

③私家车可以扩大我的活动范围。

四是"提高社会地位"的变量描述。

①拥有私家车是身份地位的象征；

②驾驶私家车外出会更有面子；

③私家车可以表达我的一种形象。

五是"朋友影响"的变量描述，即周围同事、朋友都买车了，我当然也打算买。

（5）"购买意愿"的观测变量。

①我愿意购买私家车；

②我购买私家车的可能性相当高；

③我会向亲戚朋友推荐购买私家车；

④即使价格高一点，我也愿意购买私家车。

（6）"生活方式"的观测变量。

生活方式包含关注时尚与品牌、生活态度、消费方式、工作态度、自我认知、对待科技的态度。各观测变量的描述如下：

一是"关注时尚与品牌"的变量描述。

①品牌对我来说，具有较高的诱惑力；

②我时刻关注汽车产品的最新款的动态；

③我经常关注流行时尚的趋势变化。

二是"生活态度"的变量描述。

①我比较喜欢稳定有保障的生活；

②我不喜欢在公众场合出风头；

③多数休闲时间，我都是在家和家人度过；

④我很关注生活环境的变化；

⑤我热衷于参与一些力所能及的环保行动；

⑥日常生活中，我很注意购买商品的环保性能；

⑦我会鼓励朋友提高环保意识。

三是"消费方式"的变量描述。

①我很看重汽车的外观等附加价值；

②我很注意想买的商品的促销打折活动。

四是"工作态度"的变量描述。

①我比较喜欢有挑战性的工作；

②在工作中，我比别人投入更多的努力；

③我渴望有很大的成就。

五是"自我认知"的变量描述。

①我对自己的未来有信心；

②我经常可以做我喜欢的事情；

③我喜欢独立的生活；

④我喜欢坚持自己的个性；

⑤我崇尚自由、无拘束的生活状态。

六是"对待科技态度"的变量描述。

①我习惯使用高科技产品来处理日常生活事务；

②我喜欢高科技产品提高工作效率；

③我喜欢尝试高科技产品的新奇感；

④购买使用新型汽车是很炫的事情。

（7）"环境刺激"的观测变量。

①汽车促销活动让我购买我平常不买的其他品牌；

②如今经济大环境不是很好，影响了我购车的欲望；

③政府为小排量汽车提供补贴、降低购置税等补助政策，提高了我购车的意愿；

④现今汽车质量、功能等各个方面都有了很大的提升，促使我有了购车了欲望。

4.3 研究理论框架

4.3.1 有购车计划的结构方程模型

生活方式是解释和预测复杂的购买行为的心理因素[82]。市场研究已经证明生活方式会影响消费者的购买行为。这是因为生活方式反映了消费者花钱的方式、兴趣所在，以及他们对世界的看法。作为一种内在的感知，生活方式是一种对生活、工作和地位的态度。科尔曼（Coleman，1964）将生活方式定义为"假设、动机、认知风格和应对技巧的一般模式，它描述了特定个体的行为，并赋予其一致性"。这个定义清楚地反映了生活方式与感知和动机之间的联系。有研究证实动机受生活方式和个性的影响。社会心理学家指出，生活方式会影响个人的感知，从而影响某种行为。在Axsen 等（2015）的研究中，生活方式被认为是影响消费者购买电动汽车动机的关键因素。从上述文献中可以看出，生活方式作为外生变量，可以分别显著地影响感知价值和购买动机。同时，作为外生变量，购买动机的不同会进一步影响消费者感知价值的强弱，即其购买动机越强烈，消费者对产品感知价值越强。

感知价值，是感知利益与感知成本之间的权衡，被认为是最具影响力的消费者购买行为预测指标之一。实际上，感知价值是对产品的心理评估，源自消费者本身。在商品市场，当消费者决定购买产品时，他们会比较收益和成本，这种比较是自发进行的，这是对产品的价值感知过程，可能导致进一步的购买行为。克罗宁等（Cronin et al.，2000）表明感知价值对消费者偏好、满意度和忠诚度有正向影响[83]。泰勒（Thaler，1985）认为感知价值是影响消费者购买意愿的重要因素[84]。与 Thaler（1985）研究一致，于等（Yu et al.，2014）及奥弗比和李（Overby and Lee，2006）认为感知价值影响顾客满意，进而影响购买意愿。由此可知，感知价值会直接影响顾客满意，从而进一步导致顾客购买意愿的产生。

科特勒（Kotler，1994）开发了一种消费者购买行为模型，涉及文化、社会、个人和心理因素[85]。购买动机可以看作是影响消费者购买行为的心理特征之一。很明显，消费者的潜在购买行为可能会因不同的购买动机而有所不同。奥扎基和谢瓦斯季亚诺娃（Ozaki and Sevastyanova，2011）认为，"消费者的动机是多方面的，包括理性思考和情感推理"。阿克森等（Axsen et al.，2015）研究认为购买动机对消费者偏好于插入式电动汽车有积极的影响。关于动机与行为意向的关系，比涅等（Bigne et al.，2010）认为消费者购买在线机票的意向受其购买动机的影响。由上述文献可知，购买动机对消费者购买意愿有正向影响。

此外，生活方式和环境刺激是相互影响的关系。多诺万和罗西特（Donovan and Rossiter，1982）将环境心理学中的S-O-R模型引入市场营销研究领域。S-O-R模型解释了物理环境怎样影响个体的内部和行为状态，是探讨物理环境与行为关系的代表性成果。S-O-R模型由刺激（stimulus）、机体（organism）及反馈（response）构成，它认为环境（产品特点、品牌声誉、促销、价格、陈列、音乐、服务等）是包含许多线索的刺激物，这些线索共同影响机体内部的感知与认知状态，从而创建接纳规避行为反馈。生活方式具有差异性、动态交互性与综合性。差异性是指生活方式不仅能够表现个体花费时间和金钱的类型不同，而且是区分不同社会群体特征的重要依据。动态交互性是指个体在成长过程中，通过与社会诸因素的交互作用而表现出来的活动、兴趣和态度的模式。综合性是指个体在消费领域，由内在信念驱动与外部环境刺激所共同催生的一系列较为稳定的行为集合。

图4-1是有购车计划的结构方程模型，反映了影响消费者购买意愿的结构关系。

如图4-1所示，六个潜变量中"购买意愿"是其他变量直接或间接的结果。上文已经分析过，个人的生活方式是消费行为的基础，由生活方式可以引出感知价值，进而引出期望满意度，而生活方式及环境影响也可通过购买动机和感知价值来导致期望满意度的实现。

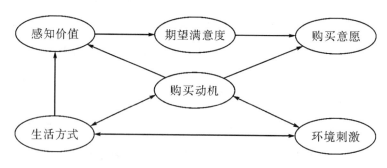

图4-1 有购车计划的结构方程模型

从图 4-1 可以看出，生活方式和环境刺激是相互影响的关系，一方面生活方式可以影响到车主对周围环境刺激的敏感度；另一方面，当这些环境刺激足够大时，它们也会反作用于生活方式。例如，当面对汽车促销活动、经济大环境、政府对汽车购买的优惠补贴政策、汽车质量和性能等问题时，拥有不同生活方式的车主的反应不同：那些高收入、生活富裕的车主可能不被这些因素影响，而对于大多数中等收入或低收入人群来说大型促销活动和政府的优惠消费政策还是非常有吸引力的。然而经济大环境萧条不论对富裕人群还是普通民众都是很大的冲击，因此环境刺激会影响人们的生活方式。此外，购买动机和生活方式也是相互影响相互发生作用的。一般而言，消费者在购买动机支配下的购买行为存在一定的因果关系，也就是说没有动机就不会产生购买行为。鲍月（2010）认为，中国私家车的购买动机可以分为几下几种：①生理需求或称刚性需求动机，购买私家车的直接目的可以帮助消费者解决基本的出行或其他刚性需求问题；②社会需求动机，消费者通过购买私家车满足其社会交往需要；③象征需求动机，自我概念和个性的象征需要；④享受需求动机，享受私家车带来的方便、舒适、奢华的感觉；⑤认知或感知需求动机，为满足车主自身认知或感知的主观要求而购买私家车，同时可以带来更多的便利、更大的出行范围，有助于消费者更方便地去了解世界。可以看到，网上购车动机很大程度上是由生活方式决定的。而一旦拥有了私家车，人们的生活方式也开始发生变化：车能给人们带来了生活上的便利、心理上的愉悦，能带人们去更远的地方，增长更多的见识，结交更多的朋友，因此，从某种意义上说私家车已经改变了人们的生活方式。由于生活方式和购买动机相互影响，同时生活方式也与环境刺激相互影响，因此我们可以得出购买动机和环境刺激相互影响。图 4-1 还显示出购买动机如追求时尚、独立自主、提高社会地位、朋友影响等也会影响期望满意度。购买动机的偏好性越强，对感知价值的影响就越大，比如，求务实的心理动机与求阔气、好表现的心理动机是两种对比很强的动机类型，它们分别决定着不同的私家车消费的期望满意度。而期望满意度和环境刺激通过购买动机最终会影响消费者的购车意愿。在图

4-1中，感知价值是期望满意度的原因，期望满意度又可以直接作用于购买意愿。事实上，感知价值可以更好地预测消费者的购买意愿，有学者指出，消费者采购意愿的主要决定因素是消费者的感知价值。在环境刺激的各因素中，经济环境、政策条件对购买意愿的影响最为直接[86]。

4.3.2 无购车计划的结构方程模型

生活方式是指个体或群体在一个相对稳定的时间内，在相对稳定的民风民俗、社会与经济发展的文化和家庭或群体生活等相互影响下，潜移默化形成的各种各样的生活习惯和群体或个体的各类社会生活相关意识，主要表现为不同层次、不同群体有各不相同的生活圈、社交圈。贾斯瓦尔（Jaiswal，2008）认为生活方式的显现部分是人们直接的行为表现，但隐含在内的是支配人们行为的价值观，是非常重要的部分[87]。一个人的生活方式可以是现代的也可以是传统的，但总是客观存在的。郭等（Kuo et al.，2009），吴等（Wu et al.，2011）认为生活方式由行为习惯、生活空间、生活节奏、生活消费构成，以上成分直接影响着人们的感知价值、使用满意度和使用意愿[88][89]；斯威尼和苏塔（Sweeney and Soutar，2001）指出感知价值包括产品和服务的购买过程，是在购买前创造的，而顾客满意则是在购买后阶段使用产品或服务的体验。感知价值是满意度的一个前置因素，而满意度是结果因素。一些研究表明，感知价值直接影响客户满意度。然而，感知价值作为认知概念可能会影响其他行为结果，例如，使用满意度、行为使用意图和品牌忠诚度。理解顾客的意图是很重要的，因为顾客的行为通常可以通过他们的意图来预测。林和王（Lin and Wang，2006）指出，移动商务的使用满意度是消费者对产品使用体验的总体反应。通过高质量的产品条款提高顾客对网站信息的满意度，会正向影响顾客使用意愿。

我们通过梳理上述文献，对于无购车计划的消费者，设计出相应的模型图。图4-2为无购车计划的结构方程模型，反映了影响消费者使用意愿的结构关系。

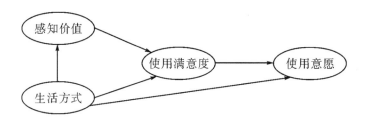

图 4-2 无购车计划的结构方程模型

如图 4-2 所示，四个潜变量中"生活方式"是其他三个的原因，而"使用意愿"是最终的结果。事实上个人的生活方式是消费行为的基础，由生活方式可以引出感知价值、使用满意度和使用意愿。一般来讲，生活方式的显现部分是人们直接的行为表现，但隐含在内的是支配人们行为的价值观，是非常重要的部分。一个人的生活方式可以是现代的也可以是传统的，但总是客观存在的。生活方式由行为习惯、生活空间、生活节奏、生活消费构成，以上成分直接影响着人们的感知价值、使用满意度和使用意愿。拥有不同生活方式的人对私家车的使用感受不同，从而影响他们对车本身的价值判断和满意度。例如，消费者的生活方式有关注时尚与品牌、生活态度、消费方式、工作态度、自我认知、对待科技的态度。此外，图 4-2 很清晰地反映了感知价值是使用满意度的原因，而使用满意度又是使用意愿的原因。使用满意度是感知价值的结果。例如，私家车车主对轿车的感知质量、感知性价比，加上自身的消费者偏好、社会地位会直接决定车主对私家车的满意度，从而影响其使用意愿。它们之间的关系是环环相扣，相辅相成的。车主对私家车的使用满意与否，是其是否愿意继续使用的原因，基于车主对购买报酬、使用成本与预期结果的比较。综上，在结构方程模型中，潜变量之间也是相互作用的关系，这正是结构方程的特点。

4.4　小结

　　本章首先列举了中国私家车市场消费行为存在的几种现象，深入剖析中国私家车消费市场的总体特征及消费群体的特征和需求。根据以上信息，本章进行研究变量的设计，包括研究潜变量和其各自的观测变量及描述的设计。在此基础上，本章确定了研究的理论框架：无购车计划的结构方程模型和有购车计划的结构方程模型，为今后的研究打下良好的理论基础。

5 研究设计

本章是实证研究设计部分，主要说明了实证研究的理论基础、研究内容和实验设计。本章讨论了数据收集的方法，问卷设计的理念，还明确了测量信度与效度的定义。此外，本章还对抽样方法加以说明，对问卷的调查数据给予充分解释，包括如何进行数据分析和怎样处理无回答问卷的问题。

5.1 实证研究方法论

实证研究方法论指从大量的实践和经验及实际发生的事实中通过科学归纳，总结出具有普遍指导意义的规律或论断，然后通过科学的逻辑演绎方法进行过程推导，最后到现实和实际发生的事件中对相应的结论和规律进行检验的方法论。

总的来说，我们主要厘清经济活动的规律和结果，以及经济运行的发展走向和发展态势，解决经济问题"是什么"而不是采用一些或任何反映价值的相关标准去体现和衡量该结论或规律是否可取。

5.1.1 实证研究概述

实证研究方法有广义和狭义之分。广义的实证研究方法基于"经验是科学的基础"，并以实践作为研究的起点。因此，从广义来讲，所有经验类的研究方法都可以称作是实证研究，如实地研究法、调查研究法、统计分析法等。实证研究方法的特点是重视研究中原始的第一手资料，具体问题具体分析是主要的研究方法，在研究形成的结论上只体现为经验的积累。狭义的实证研究方法是指利用分析和确定有关因素间相互作用方式和数量关系来进行数量分析，主要体现在相关因素间的数量关系和相互作用的因素和方式上。因此，从狭义来讲，实证研究关注的是复杂环境下事物间是广泛的相互联系的，研究结果要具有代表性和普遍性。下面介绍几种主要的实证研究方法：

（1）调查研究方法。

调查研究首先是一种描述性研究，是指通过有目的、有计划地搜集研究对象的材料，并对原始材料进行观察，从而形成对某一问题科学、客观的认识。可以看出，调查研究不同于其他理论研究方法，它是以客观材料为基础的，属于经验性方法，是以获取一手材料为基础进行的研究。由于获取材料是在自然状态下进行的，因此这种研究方法对研究对象不加任何干涉与影响，是纯态的。调查研究种类一般包括大规模普遍调查和个案调查两种。调查的方式通常包括面对面或以其他方式进行观察和探访，以及各种测试和问卷调查等方法。通常的程序为开始对将研究调查的问题进行确认，检索或查阅与调查研究的问题相关的文献；随后采用合适的研究或调查的方法制订相关的工作计划，有针对性地实施调查；最终采用各种分析方法、使用各种经整理归纳的材料写出相关的调查报告。调查报告是调查研究成果的主要体现方式。

（2）相关研究方法。

相关研究的目的是了解不同现象之间的相互关系，是一种描述性研究。相关研究方法重点研究两个或两组变量之间是否相关；相关程度大小；变量如若相关，相关性如何（正相关或负相关）；相关性用皮尔逊相关系数（Pearson Co-relation Coefficient）r 表示。r 的值可以从-1 到 1 不等。若$r=0$ 表示变量间不相关；$r=-1$ 或 $r=1$ 表示变量间高度相关。

（3）行动研究方法。

行动研究（Action Research）最早是社会心理学家库尔特·勒温

（Kurt Lewin）于 20 世纪 40 年代提出的，目的是解决社会实际问题，面向实际进行社会心理学问题研究。来自哥伦比亚大学的研究者在教育领域对行动研究进行探索，他们提出，"如果遵循一种或几种方法或规律的正规学习研究对教育实践本身通常产生不了显著的影响，如果要解决教育实践中的实际问题最好利用行动研究"。

在明确实证研究的类型后，下面简单介绍实证研究的两种基本用法：科学研究和实证方法。

科学研究，即采用标准化的统计方法来准确分析数据，以确定实证研究的有效性。一些统计公式，如回归分析、t-检验，卡方 χ^2 检验、不确定性系数、方差分析是形成有效结论的基本原理。如果经验数据通过统计检验，就是对研究假设的支持，否则将不会支持假设。

实证方法，是以实证理论为基础，验证研究假设正确与否的一种研究实证科学的方法。实证方法的实施是首先对自然现象的初步认识与理解提出假说，然后经过实际验证，以检验该假说是否成立。实证方法是现代科学发展的重要方法。

可以看到，实证研究一贯遵循"科学方法"，对客观存在的问题现象进行科学的描述，并用量化分析的方法来体现科学研究的客观性、实证性，因此被广泛应用于管理学、医学、教育学等研究领域。本书研究的主要内容是中国私家车市场正负效应下的消费者行为，因此需要对消费者行为进行客观、深入、准确地观测和分析，在此基础上运用实证方法去研究消费者使用及购买私家车的行为。实证研究必须以大量的数据为现实依据，因此本书所涉及的实证数据主要来源于定性访谈、问卷调查和实验设计。这些内容将会在接下来的章节中予以详细介绍。

5.1.2　定性访谈

定性访谈是定性研究中的常用方法，它产生于 20 世纪二三十年代美国医学研究的"芝加哥学派"。定性访谈是一种研究性的非正式谈话交谈，也是一种通过口头谈话来获取第一手资料的研究方法。它具有探索性、非结构化和深入式的特点，多以开放式的方式来提问。研究者通过一系列有目的的提问，与被访谈者进行面对面的交谈，从而了解被访谈者对某一事物或现象的认知、态度和行为等。定性访谈的主要目的是通过被访谈者的表情、语言、动作来捕捉有用的信息。而被访谈者在走访过程中表现出来的价值观、意愿、想法、经验和感受则是定性访谈关注的内容。

本书的研究首先使用了定性访谈。我们在访谈前，组建研究团队，包括研究员、访谈员、笔录员。研究团队在熟悉本研究课题的基础上，根据研究目的、研究问题和今后具体的问卷调查，设计若干调查问项。研究组还制定相关项目进度表，对所做的工作包括前期准备、中期访谈和后期分析总结都加以安排。访谈内容主要围绕私家车主最关心的一些问题展开，例如，在购买私家车时你最看重的什么？私家车的增多是否会增加你使用车的成本？你还愿意继续使用吗？私家车的增多会影响你的购车意愿吗？政府在一些城市实施的对私家车消费的补贴政策是否会影响到你的购车意愿？以上提问不拘泥于固定的语句格式，语言设计较为灵活，意在获取消费者对私家车使用和购买的意愿。在提问过程中根据被访谈者的反应，研究组对问项的语言表达进行修改，剔除一些容易引起歧义和表达不清晰的问项。在每轮访谈结束后，研究组对现有询问项进行进一步调整、改进，以加强访谈的有效性。

本访谈从 2012 年 10 开始进行，到 2012 年 12 月结束。受访对象中大部分是有私家车的车主，他们的职业构成有人民教师、企事业员工、国家公务员、技术人员、管理人员等，每次参加的人数为 10 人。我们先后进行了 5 次访谈，最终整理形成的问项将作为今后问卷设计的基础。

5.1.3　问卷调查

问卷调查是以书面提出问题的方式搜集资料并使用数据进行描述的一种调查和研究的方法。我们将所要调查或研究的相关问题编制成统一的调查问卷，通常采用当面作答、邮寄的方式进行调查或采用网络追踪访问方式填答，从而了解研究或调查对象对某一问题、现象的看法和意见。使用问卷调查法的最大优点是能突破时空限制，在相应的时间和空间里对相应调查数量的被调查者进行调查，同时对调查或研究的结果可以进一步进行定量研究。

问卷设计的原则是要真实反映所研究的问题，根据研究内容和拟解决的关键问题，本书设计了相关的调查问卷。问卷采用自填问卷的形式，主要地根据 Likert 度量法，即 1~7 级打分的方法。问卷的问项设计采取先主后次的编排方法，即消费者敏感的问项排在前，然后次之。我们在问卷设计过程中，为了保证问卷的有效性，先设计了小规模的预调查，预调查选取 35 人作为调查对象，通过网上问卷调查法来进行。网上问卷调查的优点是简化了调查步骤，节省了调查时间，提高了问卷回收率。我们通过预调查发现了问卷设计中的语言错误和表达不清晰地问项，对其进行修改。本问卷在设计过程中还邀请了 3 位西南交通大学经济管理学院的专家进行评审，并最终定稿。

本问卷发放从 2013 年 1 月开始到 2013 年 8 月全部收回，历时半年多。问卷采用纸质问卷与电子问卷同时发放的形式，发放 1 000 份回收 973 份，回收率为 97.3%。问卷分别在一、二线城市和三、四线城市进行发放。一、二线城市：北京市、广州市、上海市、成都市、深圳市等。三、四线城市：吉林省吉林市、四川省资阳市、四川省崇州市、四川省金堂县、贵州省贞丰县、贵州省开阳县、广东省东莞市寮步镇等。在每次问卷发放之前，研究团队都要为调查对象说明本研究的调查目的，简要介绍问卷涉及的情景和填写的方法，并希望调查对象本着自愿的原则参与问卷调查。在问卷回收之后，研究团队对问卷进行整理，剔除无效问卷 22 份（无回答问题问卷）后共有 951 份有效问卷，其中包括一、二线城市 485 份，三、四线城市 466 份。本问卷可分为两套，第一套问卷针对有购车计划的消费者，共设计了 64 个问项；第二套问卷针对无购车计划的消费者，共设计了 50 个问项。

5.2 研究变量的测量

5.2.1 问卷设计

问卷调查是一种广泛采用的严格遵循概率与统计原理的实证研究调查方式，因此，调查方式具备可控的可操作性与科学性。由于在实际调查中，包括问卷设计、样本选择、研究者的素质、统计手段等在内的很多因素都会影响问卷调查的结果，因此，问卷调查的设计水平和覆盖程度就是重要的前提条件。

问卷的含义，就是以书面或其他直观的形式了解被调查对象对调查内容的反应和看法，并以此获得相关的信息资料的表现载体。问卷设计的过程就是将研究内容具体化的过程。就像一棵树，有主干、分支和树叶。首先根据研究内容确定树的主干，并结合相关研究的需要在每个主干设计相关的分支，再考虑给各个分支设计各种相关的树叶，即调查问题，最终使我们的研究设计成为一棵完整的树。问卷设计要具有逻辑性和系统性，应简明、清晰，问题集中、提问有章法，当然问卷设计还要避免遗漏需要询问的信息。一般来说，问卷设计遵守以下六个原则：①合理性，指问卷设计要求紧密地与调查主题相关；②一般性，指设置的问题是否具有普遍的意义；③逻辑性，即问卷的设计应有整体的感觉；④明确性，指问题设置的规范性；⑤非诱导性，指问题的设置要中性、突出被访问者的独立性与客观性；⑥便于整理、分析，这涉及调查后的整理与分析工作。此外，问卷题目必须有针对性地设计，要充分考虑并选择受访人群的年龄层次、社会职业、受教育水平等特点，要有清晰的被调查人群，适合被调查者身份。问卷设计的语言也要通俗易懂，避免产生歧义。只有充分考虑到以上细节，问卷设计才能圆满，调查才能够达到预期的效果。问卷的结构一般包括三个部分：前言、正文和结束语。前言部分，要有问候语，简要说明调查的目的、宗旨和对问题回答的要求等，从而引起被调查者的兴趣。正文部分即问卷的主体部分，主要包括被调查者信息、调查项目、调查者信息三个部分。结束语部分在调查问卷的最后，用以向被调查者表达感谢。

本书的问卷设计包括三个部分：第一部分是被调查者的基本信息，包括性别、职业、年龄、收入、对国内汽车消费趋势的看法等；第二部分是描述现象、阐述问题，一方面，随着私家车数量的增加，私家车的价格在近几年都有不同程度的下调，购车手续也相应简化，政府也出台了如减免购置税等政策进行扶持，进而私家车的购车成本有所下降；但是同时汽油价格在近几年一直上涨，私家车的维修保养费只增不减，相关燃油税等政策的颁布也都提高了消费者的购车成本。另一方面，随着私家车数量的增加，中国公路里程数一直在增加，城市化进程加快，公共交通设施水平提高，汽车销售商的售后服务质量有所提高，等等，这些都为我们生活提供了便利；但是同时，随着私家车数量的增加，道路资源难以承受，城市交通压力大，生活环境日益恶化，居民住宅乱停车等问题凸显，降低了车主生活的便利度；随着私家车数量的增加，交通事故增多，而且治安问题凸显。在以上背景下，我们通过第二部分了解被调查者对所涉题项的看法和认同的程度。第三部分是 Likert 量表，包括满意度、使用意愿、感知价值、生活方式、环境刺激、购买意愿 6 个维度，而每个维度又设置了若干个相关询问项进行详细阐述。每个观点用 7 个量化的指标表示调查者对观点的认同程度，分别用数字 1 代表"完全不赞同"，2 代表"不赞同"，3 代表"有点不赞同"，4 代表"一般"，5 代表"有点赞同"，6 代表"赞同"，7 代表"完全赞同"。由被调查者对问卷陈述的观点进行打分，从而了解其对各项调查维度的态度。本次问卷设计的问题回答的形式全部为封闭式。封闭型回答有许多优点，首先有利于被调查者正确理解问题，由于答案是标准化且预先设计的，因此问卷的回复率和有效率都会有相应的保证，因此有利于对回答进行相对准确的统计和定量研究。

5.2.2 测量信度

问卷调查测量的是人们对某现象或事物的意见、态度、看法等。当一份问卷调查完成后，这样得到的结果是否准确、可靠？是否有实用性？为了确保问卷调查结果的科学性和准确性，我们需要对所设计的问卷进行科学检验，检验其调查的结果是否可信与有效。

信度即可靠性程度，指所被测量的事件或变量形成的问卷调查结果能否被稳定检测，其采用的方式为对同一对象采用同一方法进行调查，问卷调查的结果应具有稳定性和一致性。信度只受随机误差的影响，如果随机误差越大则信度体现越低。所以信度是测试结果受随机误差影响的程度。如果系统误差产生恒定效应是不影响信度的。信度的评价方法主要可分为下列三种：

（1）重测信度。

同一测评者在两个不同时间对同一被测对象作评定，对前后两次测量结果作相关性检验，以评价量表信度的高低，结果越是相关，差异越不显著，则信度越高。时间的变化所带来的随机影响是重测信度的误差来源。因此，在评估重测信度时，必须注意重测间隔的时间。

（2）复本信度。

复本信度是利用内容等值但题目不同的两个测验（复本）来测量同一群体，求得的被测试结果在两个测验上得分的相关系数，这个相关系数就代表了复本信度的高低。如果相关系数体现得越大，那么两个复本构成的变异就越小。复本信度的高低反映了两个互为复本的测验等价的程度，因此复本信度又称作等值信度。

（3）内部一致性信度。

内部一致性信度是指用来测量同一个概念的多个计量指标的一致性程度，其评价方法有两种：折半信度法和克朗巴哈（Cronbach's α）信度法。

折半信度法是计算将调查项目分为两半后其得分的相关系数并且其来估计整个量表体现的信度。折半信度测量的是两半题项得分间的一致性，属于内在的一致性系数。折半信度将一套量表的各项目按奇、偶数题号分成两半，对其评定结果进行相关性检验，故又称奇偶信度。由于折半信度检验需要量表项目按难度排列，而大多数评定量表不能满足此要求，而且这种方法也不适用于一般的事实式问卷，因此折半信度法的适用范围有限。

克朗巴哈信度（Cronbach's α）是最常用的信度测量方法，由美国教育学家 Lee Cronbach 于1951年提出的。学术界普遍使用内部一致性系数（Cronbach's α）检验量表的内部一致性信度。克朗巴哈系数（Cronbach's α）是指用量表所有可能的项目划分方法所得到的折半信度系数的平均值的一个统计量。通常 Cronbach's α 系数的值在0和1之间。如果 X 系数未达到0.6，就说明内部一致性信度不足；在0.7和0.8之间，说明量表具有相当的信度，在0.8和0.9之间，说明量表信度非常好。本书的实证研究数据分析部分采用的是克朗巴哈信度法。

影响信度的因素有：样本因素，即样本差异性越大，其分数的分布范围也越大，所测信度越高；项目因素，即同质的项目越多，所测信度越高；量表层级因素，即量表层级越多，意味着题目区分度越高，信度系数越高。

5.2.3 测量效度

测量效度是指测量结果的有效程度，它表示某项研究的真实性和准确性的程度。测量效度是实际测量结果与要测量结果的一致程度，用相关系数表示。效度的值越高，表示越能测出被测对象的特征。测量效度可以分为以下三种类型：

（1）内容效度。

内容效度，顾名思义是指测量内容适当的程度，即测量内容的适当性和相符性，包括测量内容中的研究特征是否明确，重要特征要素的分配比例是否合适。内容效度有两种评价方法：逻辑分析法和统计分析法。

①逻辑分析法也是专家测评法，是指邀请相关专家对测量项目与原定调查目的的一致程度作出判断，依据以往经验判断所设计的题项是否符合测量的目的和要求。这是一种主观性的测评，因此不能作为评价效度的唯一标准。一般而言，研究者可以用此方法来对获得的观测结果作大致的评价。

②统计分析法是计算题项总分与每个题项得分的相关系数并通过相关分析法来获得评价结果，若相关性越高则量表越有效。另外对量表中出现的反意题项，只有将其做逆处理后再进行总分计算。

（2）效标效度。

效标效度是评价行为预测的效果，考查的是效标与测验分数之间的关系。效标是效度标准的简称，也是估计效度的参照标准。效度系数就是用效标与测验分数之间的相关系数来表示它们两者的一致程度，效度系数越高就表明测验的效度越高。我们通常用统计效度来表示统计数值之间的相关系数，因此统计效度又称效度。效标效度是一种基于实际证据的评价，因此又称实证效度，常用的估计方法有分组法、相关法、预期表法等。分组法，是看测验分数能否区分由效标测量所定义的不同团体。相关法，是用来计算效标测量与测验分数的相关性的一种方法，根据变量的性质不同，可分别采用等级相关法和积差相关法及二列相关法等来计算测验分数与效标测量的相关性。

（3）建构效度。

建构效度是一个测验实际测到所要测量的理论结构和特质的程度，是指实验和理论之间的一致性，即实验是否能够真正测量到建构的理论。结构效度的概念最早由美国心理学会（APA）、美国教育研究协会（AERA）和美国国家教育测量协会（NCME）联合委员会提出，用于间接测量证实理论的有效性。在很多实际的测量中，没有明确的测量标准来测量对象的属性，因此结构效度测量就显得尤为必要。结构效度以心理学的概念分析说明测验分数的意义，主要适用于心理测验。建构效度可以分为区别效度和收敛效度两种类型。

①区别效度，也称为分歧效度（divergent validity），此类效度是指一个构念所代表的潜在特质与其他构念所代表的潜在特质之间低度相关或有显著的差异。

②收敛效度，是指测量的量表与同一构念的其他指标相互关联的程度。当测量同一构念的多重指标彼此关联时，这种效度便存在。一般用验

证性因子分析 CFA 来检验收敛效度。通过观察测量项目在构念上的负载（loading）、平均提取方差（Average Variance Extracted，AVE）、信度组合（Construct Variability，CV）等指标来评定收敛效度。本书的实证研究数据分析部分采用的是收敛效度法。

5.3　抽样调查方法

抽样调查是以部分实际调查结果为依据，对总体调查对象做出估计和判断，即把部分样本从总体样本中抽取出来进行调查，用所得到的调查结果代表总体，从而达到推断总体的目的。抽样调查属于非全面的调查，是一种统计调查方法。

抽样调查包括非概率抽样、概率抽样两种。在研究调查的工作中，人们通常将概率抽样称为抽样调查。概率抽样以概率论和数理统计为基础，样本按照随机原则来抽取，对总体特征作出估计推断，并从概率意义上对推断误差进行控制。抽样调查是一种重要的研究调查方法，在实践中应用广泛。抽样调查具有的突出优点是以随机原则来抽取样本，并将产生的误差控制在一定的范围内，因此这一调查方法被本书所采用。根据调查原则"样本容量越大，误差越小"，以及本书研究课题的具体情况，本书选取的样本容量为 1 000。

5.3.1　抽样样本

本书的研究内容是中国私家车市场正负效应下的消费行为，研究内容关注的研究对象是作为个体的私家车消费者。消费者的消费行为受各种效应的影响，正效应体现的影响特征是：私家车方便人们的出行、给人们的生活带来便利与享受，从某种程度上改变了人们的生活方式；负效应体现的影响特征是：私家车保有量的增加了车辆使用的成本、交通拥挤、环境污染、能源紧缺等问题。本书在综合考虑以上私家车市场上的正负效应的影响的基础上来研究消费者或潜在消费者的行为。这些消费者构成了一个消费群体，事实上每一个研究个体都在一定程度地反映了群体成员的总体特征。相对于个体对象来说，在实际的研究中研究群体更为容易，因为在实践中很难对每一个个体都进行细致入微的研究。本书研究的对象是特定的私家车消费群体。

在选择这个私家车消费群体时，本书遵循了以下原则：①挑选具有代表性的研究对象，即研究对象要能较好地反映总体，本书要描述和解释的对象是中国具有代表性的一、二线和三、四线城市的消费者，这些消费者也多从中等收入以上、接受过良好的教育、热爱生活、有一定的消费和享受观念的群体中进行选择，因此在选择研究样本时，本书锁定了这一消费群体；②结构方程模型的应用是本书的研究特点，强调的是研究变量之间的关系。因此在研究样本的选取上本书采用了代表性抽样法。

本书由于是基础理论研究，在选择调查样本时要充分考虑变量间的作用关系。客观因素方面，例如，职业结构、文化层次、年龄水平、收入状况等；主观因素方面，例如，满意度、感知价值、生活方式、购买动机、使用意愿、购买意愿。这些因素都会对私家车的使用和购买行为产生影响。一般的研究往往需要排除变量间的干扰影响，变量的选取要相互独立，与一般研究不同的是，本研究正是研究这些变量间的影响作用，这就体现了应用结构方程模型的优势，可以研究各潜变量间的关系。本书在充分考虑以上因素的基础上，在各个等级城市中选取了具有代表性的私家车消费者作为调查对象，具有一定的外部效度。综合以上几个方面，本书为定性访谈、问卷调查和实验设计选择了研究样本。

5.3.2 无回答问题的处理

问卷调查法有很多优点，比如可以进行大规模的调查，其结果容易量化，便于进行统计处理与分析等，因此问卷调查被广泛地应用在实证研究中。但综合来看，问卷调查也有不足之处，如缺乏弹性，很难做深入的定性调查。在问卷调查中难以避免的是被调查者对调查内容的敷衍态度，例如，随便答题、草草了事；一些被调查对象对调查内容不了解，或没有得到相应的指导和说明。在作选择问项时，有的被调查者为了节省时间，任意选择答案，或者在从众心理驱使下按照社会主流意识填答，而不是按其真实的想法。回复率和有效率低、对无回答者的研究比较困难，是问卷调查所要面对的问题。

在大多数调查的缺失数据中，对无回答问题可采取下列方法进行处理：

（1）识别研究。

识别研究意在判断无回答问题问卷和有回答问题问卷的差别，分析其差别程度来识别无回答潜在偏差。此方法需要评价无回答问卷对总体问卷质量的影响程度。

（2）无回答代替。

发现无回答问题问卷时，可采用总体中的其他问项来替代样本中的无回答问项。注意替代问项的选取应该与原问项有相似性的特征。

（3）剔除。

对于样本容量较大的抽样调查，可以采取剔除法来消除无回答问题的问卷对总体问卷测量结果的影响。本研究的样本容量为 1 000，而无回答问题问卷只有 22 份，因此采用剔除法不会影响总体问卷的有效性。

5.4　小结

本章主要说明了实证研究设计的相关问题：实证研究的理论基础、研究内容和实验设计。首先，本章简要地说明了实证研究的方法和分类，并列举了定性访谈法和问卷调查法。然后，本章详细论述了研究变量的测量，包括问卷的设计、信度和效度检验的概念。最后，本章重点介绍了抽样调查法，包括抽样的样本、对无回答问题的处理。

6 样本数据统计分析

统计分析来源于统计学，是运用数学的方法收集相关资料对其进行组合并对所收集的资料进行综合分析的方法。在现代科学研究中，定量研究的统计分析方法被广泛应用。理论上，统计性分析可分为描述性统计分析和推断性统计分析。描述性统计分析是定量研究的基础，是用数学语言解释研究对象，通常运用数据如频数、均值、百分比和图表等来简单且清晰地解释和表达研究结果。推断性统计一般应用于效果评估中，通过研究一个特殊组的特征从而把结果推广到较大群体。本章所作的统计分析是描述性统计分析。通过描述性统计分析，我们可以了解到样本的总体特征、样本的个体差异性、样本对象间的相互关系。

6.1 样本的描述性统计分析

本研究包括一、二线城市 485 份有效问卷，调查对象是来自北京、广州、上海、成都、深圳的私家车消费者。表 6-1 包括 5 个基本信息，分别是性别、年龄、婚姻、学历和收入。如表 6-1 所示，有效样本容量为 485，其中性别项的空白缺失值为 4，被调查的对象中女性偏多，有 302 人，占 62.8%，男性 179 人，占 37.2%。年龄项的缺失值为 1，其中 35 岁以上者 265 人，占 54.7%，35 岁以下者 219 人，占 45.3%。婚姻项的缺失值为 1，其中未婚者 210 人，占 43.4%，已婚者 274 人，占 56.6%。学历项缺失值为 3，其中大学及以上者为 230 人，占 47.7%，高中及以下者 252 人，占 52.3%。收入项缺失值为 4，其中以年收入 5 万元至 8 万元者居多 148 人，占 30.8%；年收入 8 万元至 10 万元者次之为 130 人，占 27.0%；年收入 3 万元至 5 万元者 96 人，占 20.0%；年收入 10 万元以上者 51 人，占 10.6%；年收入 1 万元以下者 56 人，占 11.6%。

表 6-2 包括 4 个基本信息，分别是是否有汽车、计划、预期和职业。如表 6-2 所示，预期是对中国未来 5 年国内汽车消费趋势的预计。可以看到预期项的缺失值为 13，其中有 148 人（占 31.4%）预期在未来五年中国私家车的增速会减慢，120 人（占 25.4%）预期中国私家车消费趋势保持理性水平；103 人（占 21.8%）预期中国私家车消费趋势是理性减弱，82 人（占 17.4%）预期中国私家车的消费会加速增长并有较大空间。在被调查对象中，246 人有私家车，占 47.6%，254 人无购车计划，占 52.4%。职业项的缺失值为 1，被调查的对象中公司职员偏多 216 人，占 44.6%；公司管理者次之有 101 人，占 20.9%；其他职业类型比较分散，所占比例较少，如党政机关及事业单位 22 人，占 4.5%；学生 26 人，占 5.4%；自由职员 33 人，占 6.8%。

表 6-1　一、二线城市基本信息（一）　　百分比单位:%

性别	频率	百分比	有效百分比	累积百分比
缺失值	4	0.8		0.8
女	302	62.3	62.8	63.1
男	179	36.9	37.2	100.0
合计	485	100.0	100.0	
年龄	频率	百分比	有效百分比	累积百分比
缺失值	1	0.2		0.2
35 岁以上	265	54.6	54.7	54.8
35 岁以下	219	45.2	45.3	100.0
合计	485	100.0	100.0	
婚姻	频率	百分比	有效百分比	累积百分比
缺失值	1	0.2		0.2
未婚	210	43.3	43.4	43.5
已婚	274	56.5	56.6	100.0
合计	485	100.0	100.0	

表6-1(续)

学历	频率	百分比	有效百分比	累积百分比
缺失值	3	0.6		0.6
大学及以上	230	47.4	47.7	48.0
高中及以下	252	52.0	52.3	100.0
合计	485	100.0	100.0	

收入/元	频率	百分比	有效百分比	累积百分比
缺失值	4	0.8		0.8
一万以下	56	11.5	11.6	12.4
三万至五万	96	19.8	20.0	32.2
五万至八万	148	30.5	30.8	62.7
八万至十万	130	26.8	27.0	89.5
十万以上	51	10.5	10.6	100.0
合计	485	100.0	100.0	

表6-2　一、二线城市基本信息（二）　　百分比单位:%

是否有汽车	频率	百分比	有效百分比	累积百分比
没有	239	49.3	49.3	49.3
有	246	50.7	50.7	100.0
合计	485	100.0	100.0	

计划	频率	百分比	有效百分比	累积百分比
无购车计划	254	52.4	52.4	52.4
有购车计划	231	47.6	47.6	100.0
合计	485	100.0	100.0	

预期	频率	百分比	有效百分比	累积百分比
缺失值	13	2.7		2.7
理性减弱	103	21.2	21.8	23.9
保持目前的理性水平	120	24.7	25.4	48.7
加速增长、空间较大	82	16.9	17.4	65.6
增速放慢	148	30.5	31.4	96.1
增长速度加快	19	3.9	4.0	100.0
合计	485	100.0	100.0	

表 6-2（续）

职业	频率	百分比	有效百分比	累积百分比
缺失值	1	0.2		0.2
党政机关及事业单位	22	4.5	4.5	4.7
公司管理者	101	20.8	20.9	25.6
学生	26	5.4	5.4	30.9
公司职员	216	44.5	44.6	75.5
自由职业	33	6.8	6.8	82.3
个体户	39	8.0	8.1	90.3
离退休人员	3	0.6	0.6	90.9
无业失业人员	14	2.9	2.9	93.8
其他	30	6.2	6.2	100.0
合计	485	100.0	100.0	

本研究包括三、四线城市 466 份有效问卷，调查对象是来自吉林省吉林市、四川省资阳市、四川省崇州市、四川省金堂县、贵州省贞丰县、贵州省开阳县、广东省东莞市寮步镇七个三、四线城市的私家车消费者。如表 6-3 所示，样本容量为 466，其中性别项的空白缺失值为 1，被调查的对象中女性偏多为 274 人，占 58.9%，男性 191 人，占 41.1%。年龄项的缺失值为 1，其中 35 岁以上者为 241 人，占 51.8%，35 岁以下者为 224 人，占 48.2%。婚姻的缺失值为 2，其中未婚者 182 人，占 39.2%，已婚者 282 人，占 60.8%。学历项缺失值为 3，其中大学及以上者为 278 人，占 60.0%，高中及以下者为 185 人，占 40.0%。收入项缺失值为 3，其中以年收入 5 万元至 8 万元者居多 140 人，占 30.2%；年收入 3 万元至 5 万元者次之为 110 人，占 23.8%；年收入 8 万元至 10 万元者 108 人，占 23.3%；年收入 10 万元以上者 34 人，占 7.4%；年收入 1 万元以下者 71 人，占 15.3%。

如表 6-4 所示，预期项的缺失值为 11，其中有 126 人（占 27.7%）预期在未来几年私家车的增速会减慢，120 人（占 26.4%）预期在未来几年私家车的增速保持理性水平。在被调查对象中，211 人有私家车，占 45.4%，254 人无私家车，占 54.6%；266 人有购车计划，占 57.1%，200 人无购车计划，占 42.9%。职业项的缺失值为 2，被调查的对象中公司职员偏多为 151 人，占 32.5%；公司管理者次之为 79 人，占 17.0%；其他职业类型,如党政机关及事业单位为 68 人占,14.7%;学生 27 人,占 5.8%;自由职员 26 人,占 5.6%。

以上的数据分析属于频数分析,是 SPSS 基本统计分析之一。考察代表不同信息的数值出现的频数,我们可以了解数据分布的情况。通过频数分析,我们能得到变量取值和描述性统计结果的分布情况。这些分析可以在一定程度上反映样本总体的代表特性,检验抽样是否存在系统偏差,并为接下来的相关数据分析提供可信的依据。综合以上信息可以看到,被调查对象无论是在一、二线城市还是在三、四线城市,都以女性居多,年龄也大多集中在 35 岁以上,年收入为 5 万~8 万元,职业以公司职员占多数。这些数据特征表明,在这个层面上的消费者更有经济实力,他们具有相对成熟的价值和消费观。被调查者的年龄和职业决定了因此他们中的大多数都有着较为丰富的生活经验,他们看待问题的角度是多样的,分析问题的能力也较强。因此我们的抽样集中在较为理性的汽车消费者,从而使调查得到的数据更为准确,更能体现现实消费者的消费行为。我们可以看到,在抽样中,女性消费者偏多,而女性消费者一般喜欢追求新奇美丽的事物,也拥有较强的购物欲望。因此,女性消费者容易产生买车和换车的冲动,当然基于汽车这一消费品的特殊性(相对于一般商品而言其价格较高),女性消费者的购物欲望会建立在理性选择的基础上。我们还可以看到,相比之下一、二线城市中拥有大学及以上学历的人数略低于拥有高中及以下学历的人数,已有私家车的人数要高于没有私家车的人数,而以上两种情况在三、四线城市中恰相反。这些信息也符合实际情况。

表6-3　三、四线城市基本信息(一)　　　　百分比单位:%

性别	频率	百分比	有效百分比	累积百分比
缺失值	1	0.2		0.2
女	274	58.8	58.9	59.0
男	191	41.0	41.1	100.0
合计	466	100.0	100.0	

表 6-3（续）

年龄	频率	百分比	有效百分比	累积百分比
缺失值	1	0.2		0.2
35 岁以上	241	51.7	51.8	51.9
35 岁以下	224	48.1	48.2	100.0
合计	466	100.0	100.0	

婚姻	频率	百分比	有效百分比	累积百分比
缺失值	2	0.4		0.4
未婚	182	39.1	39.2	39.5
已婚	282	60.5	60.8	100.0
合计	466	100.0	100.0	

学历	频率	百分比	有效百分比	累积百分比
缺失值	3	0.6		0.6
大学及以上	278	59.7	60.0	60.3
高中及以下	185	39.7	40.0	100.0
合计	466	100.0	100.0	

收入/元	频率	百分比	有效百分比	累积百分比
缺失值	3	0.6		0.6
一万以下	71	15.2	15.3	15.9
三万至五万	110	23.6	23.8	39.5
五万至八万	140	30.0	30.2	69.5
八万至十万	108	23.2	23.3	92.7
十万以上	34	7.3	7.4	100.0
合计	466	100.0	100.0	

表 6-4　三四线城市基本信息（二）　　　　百分比单位:%

是否有汽车	频率	百分比	有效百分比	累积百分比
缺失值	1	0.2		0.2
没有	254	54.5	54.6	54.7
有	211	45.3	45.4	100.0
合计	466	100.0	100.0	

计划	频率	百分比	有效百分比	累积百分比
无购车计划	266	57.1	57.1	57.1
有购车计划	200	42.9	42.9	100.0
合计	466	100.0	100.0	

表 6-4（续）

预期	频率	百分比	有效百分比	累积百分比
缺失值	11	2.4		2.4
理性减弱	126	27.0	27.7	29.4
保持目前的理性水平	84	18.0	18.4	47.4
加速增长、空间较大	95	20.4	20.9	67.8
增速放慢	120	25.8	26.4	93.6
增长速度加快	30	6.4	6.6	100.0
合计	466	100.0	100.0	

职业	频率	百分比	有效百分比	累积百分比
缺失值	2	0.4		0.4
党政机关及事业单位	68	14.6	14.7	15.0
公司管理者	79	17.0	17.0	32.0
学生	27	5.8	5.8	37.8
公司职员	151	32.4	32.5	70.2
自由职业	26	5.6	5.6	75.8
个体户	45	9.7	9.7	85.4
离退休人员	6	1.3	1.3	86.7
无业失业人员	24	5.2	5.2	91.8
其他	38	8.2	8.2	100.0
合计	466	100.0	100.0	

6.2 城市私家车市场外部性比较

以上章节论证了中国私家车市场存在外部性。为了深入研究不同类型城市私家车市场的外部性，本节基于问卷一、二（见附录1）有关外部性的六个题项做了数据的统计分析。表6-5是对外部性的描述性统计。表6-6是样本的方差检验及 t 检验。可以看到，在方差检验中1~3项和第5项的 Sig<0.05，说明这些项目的方差存在显著差异；第4项的 Sig=0.347>0.05 和第6项的 Sig=0.638>0.05，说明这两项的方差无显著差异。表6-6的 t 检验是在95%的置信水平下验证样本的显著性，可以看到，所有项的 Sig<0.05，说明各项均通过 t 检验。

表 6-5　外部性统计量

问项及城市	样本数量	均值	标准差	均值的标准误差
私家车数量的增加提高了（一、二线）我的购车意愿（三、四线）	485 466	3.615 4.895	1.617 1.229	0.106 41 0.086 93
私家车数量的增加降低了（一、二线）我的购车成本（三、四线）	485 466	3.679 5.215	1.495 1.390	0.098 39 0.098 35
私家车数量的增加提高了（一、二线）我的用车意愿（三、四线）	485 466	3.810 4.642	1.586 1.313	0.101 79 0.080 52
私家车数量的增加降低了（一、二线）我的用车成本（三、四线）	485 466	3.482 4.766	1.494 1.481	0.093 99 0.090 83
私家车数量的增加提高了（一、二线）我生活的便利度（三、四线）	485 466	4.068 5.126	1.554 1.291	0.070 73 0.059 82
私家车数量的增加保障了（一、二线）我的人身安全（三、四线）	485 466	3.288 4.197	1.593 1.674	0.072 57 0.077 57

表 6-6　外部性独立样本检验

问项	方差检验		均值方程的 t 检验				
	F	Sig	t	df	Sig	均值差	标准误差
私家车数量的增加，提高了我的购车意愿	25.917	0.000	−7.378	429	0.000	−1.033	0.140 08
私家车数量的增加，降低了我的购车成本	6.185	0.013	−9.477	429	0.000	−1.325	0.139 84
私家车数量的增加，提高了我的用车意愿	13.275	0.000	−6.466	507	0.000	−0.832	0.128 70
私家车数量的增加，降低了我的用车成本	0.793	0.374	−9.831	517	0.000	−1.284	0.130 67
私家车数量的增加，提高了我生活的便利度	18.055	0.000	−11.386	947	0.000	−1.058	0.092 94
私家车数量的增加，保障了我的人身安全	0.222	0.638	−8.565	946	0.000	−0.909	0.106 13

表 6-7 是对不同类型城市私家车市场外部性的比较。首先，从绝对水平来看，一、二线城市的平均得分值低于 4，而三、四线城市的平均得分值高于 4。这说明私家车数量的增加降低了一、二线城市消费者的购车意

愿和用车意愿,却增加了三、四城市消费者的购车意愿和用车意愿。其次,从相对水平来看,三、四线城市的得分明显高于一、二线城市得分。经过统计 t 检验,上述一、二线城市得分与三、四线城市在各个项目上得分存在显著差异。对于所有城市而言,在 6 个指标项中,降低购车成本项均高于其他指标,表明在三、四线城市中私家车数量的增加降低了消费者的购车成本,从而极大地增强了其购车积极性。我们也可以看到,保障人身安全项均低于其他指标,表明在一、二线城市中私家车数量的增加对于保障人身安全起到的作用较弱;还可看到,虽然"保障人身安全"项没有通过方差检验,但不影响 t 检验结果,因为 t 检验是针对均值差异型的检验,在本书中是指外部性在一、二线城市及三、四线城市的差异型。本书研究的是外部性在城市间发挥效用的差异,用外部性得分均值表示,而 t 检验能很好地反映这一差异。私家车数量的增加所带来的交通拥挤、环境污染和能源消耗等问题在大城市中表现明显。本应以方便享受著称的私家车,给人们带来的是越来越多的不便甚至烦恼,因此购车意愿在一、二线城市较低;而三、四线城市反而拥有诸多私家车消费的优势,例如,大多数三、四线城市正处在城镇化建设过程中,城市人口没有过度膨胀,城市化建设如火如荼,基础设施逐步完善,经济发展和生活水平的提高给私家车的购买提供了经济基础。相对于一、二线城市,三、四线城市的交通状况良好,空气质量也较好,环境污染少,加之国家近年推行的汽车消费性补贴政策等,这些因素都促成了三、四线城市消费者强烈购车意愿的。私家车数量的增加,给一、二线城市带来的是负外部性效应,给三、四线城市带来的是正外部性效应。随着私家车数量的增加,其最能提高的效应是增强便利度,最不能提高的效应是保障人身安全。

表6-7 城市私家车市场外部性比较

城市私家车市场 外部性	一、二线城市得分	三、四线城市得分
私家车的增加,提高了我的购车意愿	3.615	4.895
私家车的增加,降低了我的购车成本	3.679	5.215

表6-7(续)

城市私家车市场 外部性	一、二线城市得分	三、四线城市得分
私家车的增加,提高了我的用车意愿	3.810	4.642
私家车的增加,降低了我的用车成本	3.482	4.766
私家车的增加,提高了我的生活便利度	3.836	5.127
私家车的增加,保障了我的人身安全	2.865	4.197

因此,根据城市的私家车数量、使用意愿、使用便利程度、采购及运用成本和汽车对环境污染程度等对交通便利综合影响的程度,以及其进一步对人们采购或换购及使用私家车的积极与否的意愿的影响,我们将其称为城市私家车市场具备正或负外部性效应。根据上述调查问卷的统计分析结果并经检验验证,我们可以得出结论:中国一、二线城市私家车市场具有负外部性,三、四线城市私家车市场具有正外部性。

7 中国一、二线城市私家车市场的消费行为研究

　　20 世纪以来，中国经济进入快速发展时期，城市化进程加快。国家统计局公布的数据显示，中国人口城市化水平已由 2000 年的 36.2% 迅速增长到 2012 年的 52.7%，到 2016 年则达到了 57.4%。城市化的突出表现为土地的利用特征发生改变，随着城市规模的扩大，原有的简单的地域性城市空间格局逐渐被广而大的城市空间格局所取代，具体表现为工作、生活、娱乐等场所的分离，居民出行的活动空间与范围不断扩大，出行需求呈现复杂化和多样化，使得越来越多的人选择机动车或者轨道交通出行。随着机动化进程的加快，私家车保有量的增长能方便城市居民出行，尤其在一、二线城市，经济的高速发展使得越来越多的人能够负担得起私家车消费，而私家车给人们带来的便利与享受也是不言而喻的。然而，受到城市有限资源的限制，交通供给与需求之间的矛盾日益凸显，城市道路交通拥挤、环境污染、居民出行难等问题在一、二线城市尤为突出。以北京市为例，全市私家车保有量从 2005 年的 134.3 万辆发展到 2012 年的 312 万辆，2017 年则达到 570 万辆。私家车保有量的迅猛增长，必然引发私家车出行量的急剧增加，北京市的快速路、主干道的道路通行能力大部分已趋于饱和，而城市交通需求的增长已快于城市交通供给能力的提升。因此，城市交通供需的不平衡加大了交通密度从而导致了城市交通拥堵，给出行者带来时间损失；同时，交通拥堵还会带来诸如增加交通事故、加剧环境污染等一系列的连锁负效应。

毋庸置疑，中国已经进入汽车时代，私家车保有量的增加是中国人民生活富裕的一个重要标志，随着经济的发展，更多汽车进入人们的生活是一个必然趋势。然而，这对生活在一、二线城市的人们来说拥有私家车似乎是一种"幸福的烦恼"。在这些城市，私家车市场的消费更多带来的是负效应，这些负效应影响着消费者选购及使用私家车的行为。本章针对以上问题，抽象建立结构方程模型，深入研究中国在一、二线城市私家车市场的负效应情况下，影响私家车消费的主要因素，并以期得到一些指导性的政策建议。

7.1 有购车计划模型

我们根据本问卷设计的第九项，即"您在近几年是否有购车的计划？"可以把私家车消费者分为两类：有购车计划消费者和无购车计划消费者。本节主要研究有购车计划的私家车消费者行为。

7.1.1 结构模型建立

基于一、二线城市私家车市场特点及理论假设的验证，本节建立了有购车计划的结构方程模型。如图 7-1 所示，期望满意度和购买动机直接作用于购买意愿。购买动机，一方面受个人生活方式的影响，如受生活态度、消费方式、工作态度、自我认知和对科技的敏感程度的影响；另一方面还受环境刺激，具体表现在汽车促销活动、经济大环境、政府补贴政策和汽车质量及性能的提高是否促使消费者产生购车了欲望。我们可以看到，生活方式会直接作用于感知价值，例如，个人生活方式会影响消费者的感知质量、消费偏好、感知性价比和感知社会地位，而感知价值会直接影响期望满意度，进而影响消费者的购买意愿。

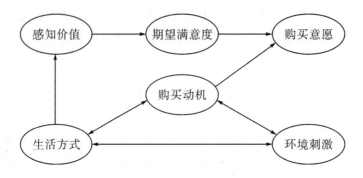

图 7-1　一、二线城市有购车计划结构方程模型

7.1.2　理论模型的研究假设

研究假设是指研究者根据经验事实和科学理论对理论变量间的关系的推测性论断和假定性陈述。研究假设实际是一种命题形式，该命题是可以被验证真伪的。假设一般陈述两个变量之间的关系，这种关系主要有三种形式：相关关系，是指变量间（X 与 Y）相互影响，记作 $X \leftrightarrow Y$；因果关系，是指变量 X 的变化会使变量 Y 也随之发生变化，但这种变化是单向的，记作 $X \rightarrow Y$；虚无关系，是指两个变量不相关，它们没有必然的联系，记作 X　Y。本书中所提出的研究假设是基于相关关系和因果关系的。本节的研究依据第二章第四节私家车与消费者行为、第四章第一节中国私家车市场消费行为以及解释及理论模型图 4-1，提出相应理论假设包含了两个方面的变量之间的关系。第一，期望满意度与私家车消费者购买意愿之间的关系；第二，购买动机与私家车消费者购买意愿之间的关系。而期望满意度与购买动机又受其他变量的影响，如生活方式、感知价值和环境刺激。因此，本书综上提出以下假设：

Ha1：期望满意度对购买意愿是正向影响作用；

Ha2：购买动机对购买意愿是正向影响作用；

Ha3：感知价值对期望满意度是正向影响作用；

Ha4：生活方式对感知价值是正向影响作用；

Ha5：生活方式和购买动机是相互影响作用；

Ha6：生活方式和环境刺激是相互影响作用；

Ha7：环境刺激和购买动机是相互影响作用。

Ha8：购买动机对感知价值是正向影响作用。

7.1.3 结构模型检验

评测问卷质量的重要方法是问卷的信度和效度检验。测量结果的有效程度我们称为效度，它表示某项研究的真实性和准确性的程度。本节采用建构效度中的收敛效度来对问卷的相关题项进行测评。收敛效度是指测量的量表与同一因素构面的其他指标相互关联的程度。当测量同一因素构面的多重指标彼此关联时，这种效度便存在。效度检验是指测量工具或手段能够实际测到的所要测量的事物的理论结构和特质的程度，是对实验和理论之间的一致性的检验。关于效度检验，我们通常认为当个别项目与总分相关系数显著或者不显著时，则表示该量表具有良好的建构效度或将与总分相关系数不显著的个别项目进行删除；在同一因素构面中，收敛效度越高则因子负荷值越大（通常为 0.5 以上）；每一个项目在其所属的构面中只能出现一个大于 0.5 的因子负荷值，而且如果量表的区别效度越高，那么符合这个条件的项目就越多。从表 7-1 可以看出题项 C3 "我认为私家车几乎是完美的出行工具" 的效度 0.37<0.5，未能通过效度检验，应予以删除。

为了进一步了解问卷的可靠性，我们对问卷做了信度检验。本节采用内部一致性信度检验，克朗巴哈系数是常用的内部一致性信度评价指标，用于评估测量题项与其真值之间的测量误差，本研究采用学术界公认的检验通过指标，即 $\alpha > 0.7$。表 7-1 是一、二线城市有购车计划结构模型信度与效度检验，所有信度系数均大于经验临界值 0.7，表明信度可接受。

表 7-1   一、二线城市有购车计划结构模型信度与效度检验

变量及题项		信度检验	效度检验	修正
变量	题项	Cronbachs' α 值	因子载荷	
期望满意度	C1	0.771	0.80	保留
	C2		0.94	保留
	C3		0.37	删除
购买意愿	W1	0.872	0.88	保留
	W2		0.68	保留
	W3		0.82	保留
	W4		0.78	保留
感知价值	P1	0.858	0.91	保留
	P2		0.92	保留
	P3		0.91	保留
	P4		0.91	保留
购买动机	P1	0.903	0.80	保留
	P2		0.82	保留
	P3		0.91	保留
	P4		0.72	保留
	P5		0.77	保留
生活方式	L1	0.964	0.82	保留
	L2		0.85	保留
	L3		0.71	保留
	L4		0.86	保留
	L5		0.88	保留
	L6		0.83	保留
环境刺激	E1	0.823	0.71	保留
	E2		0.63	保留
	E3		0.84	保留
	E4		0.93	保留

删除题项 C3 后，一、二线城市有购车计划模型的各问题的信度效度修正后的检验结果如表 7-2 所示。

表 7-2　修正后信度效度检验（一、二线城市有购车计划）

变量及题项		信度检验	效度检验	修正
变量	题项	Cronbachs' α 值	因子载荷	
期望满意度	C1	0.773	0.84	保留
	C2		0.91	保留

可以看到修正后的题项各信度和效度均通过检验，修正后的题项更加符合科学研究的严谨和合理性。表 7-3 是对一、二线城市有购车计划结构模型的检验性因子分析。事实上，验证性因子分析是一种理论导向的建构效度检验方法。从表 7-3 可以看出，本研究对一、二线城市私家车市场上有购车计划的消费者用验证性因子分析，以检验量表的建构效度。表 7-3 的拟合指标中 GFI、AGFI、PGFI、NFI、RFI、TLI 和 PNFI 均达到标准值，而卡方与自由度之比 χ^2/df、IFI 与 CFI 接近标准值，在可接受的范围内。因此，从整体模型拟合度来看，模型与数据拟合度良好，表明所构建的一、二线城市有购车计划结构模型较合理。

表 7-3　一、二线城市有购车计划结构模型的检验性因子分析

指标	指标值 3.815	判别标准 1~3（可适当放宽至 5）
RMR	0.476	<0.05
GFI	0.944	>0.90
AGFI	0.937	>0.90
PGFI	0.807	>0.50
NFI	0.915	>0.90
RFI	0.910	>0.50
IFI	0.856	>0.90
TLI	0.906	>0.90
CFI	0.855	>0.90
PNFI	0.719	>0.50

7.1.4 有购车计划的结构方程模型分析

检验所提出假设的真伪是结构模型分析的主要目的，以及是否能获得模型结果的支持。本书采用路径分析来验证所研究的理论模型是否能够得到研究数据的支持。路径分析指的是一种研究多个变量之间相关强度及这些变量之间的多层因果关系的方法。美国遗传学家赖特于1921年首创路径分析法，之后此方法被引入社会学的研究中，逐渐发展成为社会学的主要分析方法之一。路径分析的主要目的是检测一个模型的精准程度和可靠程度并测量各个变量之间因果关系的强弱，例如，两个变量之间是否存在相关关系，若存在则是怎样的关系，变量间是直接影响关系还是通过中间变量的间接影响关系，影响关系的大小如何。本研究用路径系数来判定各潜变量间的相关性。因为路径系数能反映各潜变量间相关性的大小：路径系数越大，表示这两个潜变量之间具有较强的相关性，说明相关性显著。一、二线城市有购车计划结构模型的潜变量之间的路径系数拟合结果见表7-4。从表7-4可以看出，购买意愿←期望满意度、购买意愿←购买动机、期望满意度←感知价值、感知价值←生活方式，它们之间的标准化路径系数值均在0.001的水平上显著，表明其相关关系极显著，并且均为正向影响关系，假设Ha1、Ha2、Ha3、Ha4成立；生活方式↔购买动机、生活方式↔环境刺激、环境刺激↔购买动机，它们之间的标准化路径系数值均在0.001的水平上显著，表明其相关关系极显著，且均为双向影响关系，假设Ha5、Ha6、Ha7成立。感知价值←购买动机，其标准化路径系数值不显著，假设Ha8不成立。

表7-4　潜变量之间的负载拟合结果（一、二线城市有购车计划）

潜变量间的关系	标准化路径系数	非标准化路径系数	标准误差 S. E.	临界值 C. R.	P 值
购买意愿←期望满意度	0.715	0.668	0.079	8.438	＊＊＊
购买意愿←购买动机	0.235	0.073	0.021	3.410	＊＊＊
期望满意度←感知价值	0.796	1.005	0.083	11.987	＊＊＊

表7-4（续）

潜变量间的关系	标准化路径系数	非标准化路径系数	标准误差 S. E.	临界值 C. R.	P 值
感知价值←生活方式	0.837	0.331	0.028	11.643	＊＊＊
生活方式↔购买动机	0.790	6.910	0.888	0.780	＊＊＊
生活方式↔环境刺激	0.684	1.579	0.215	6.539	＊＊＊
环境刺激↔购买动机	0.583	2.011	0.316	6.360	＊＊＊
感知价值←购买动机	0.094	1.433	0.325	1.548	P>0.05

注：＊＊＊表示 P<0.001。

结构方程模型的优势在于它可以同时处理多个变量，不仅能反映潜变量间的关系，还能反映潜变量与观测变量间的关系。图 7-2 是应用 Amos 统计软件得到的一、二线城市有购车计划模型的路径结果图。其中，e1~e29 表示各变量的残差，例如 e1 表示除感知价值外影响感知质量的另外的不可预知的因素，每个路径上的数值表示其标准路径系数，单向箭头表示变量间是因果关系，双向箭头表示变量间是影响关系。从图 7-2 中可以清晰地看到本节模型所涉及的六个潜变量（椭圆形表示）和他们的观测变量（长方形表示），以及各个变量间的关系。如图 7-2 所示，购买意愿的直接相关变量是购买动机和期望满意度，他们对购买意愿的作用是正向因果作用。生活方式、购买动机和环境刺激构成了相互影响的三角形关系。除此以外，感知价值、生活方式和环境刺激三个变量或者通过购买动机或者通过期望满意度来间接影响购买意愿。我们可以看到，在直接正向因果关系中，购买动机对购买意愿的作用较小，其标准路径系数仅为 0.24；而期望满意度对购买意愿的作用较大，其标准路径系数为 0.72。感知价值通过中间变量期望满意度间接影响购买意愿，可以表示为：购买意愿←期望满意度←感知价值，其路径系数为 0.80＊0.72＝0.58。环境刺激通过中间变量购买动机间接影响购买意愿，可以表示为：购买意愿←购买动机←环境刺激，其路径系数为 0.58＊0.24＝0.14。生活方式可以看成是其他各个变量的基础，从生活方式出发有三条路径影响购买意愿，分别是：购买意愿←期望满意度←感知价值←生活方式，其路径系数为 0.84＊

0.80 * 0.72 = 0.49；购买意愿←购买动机←生活方式，其路径系数为 0.79 * 0.24 = 0.19；购买意愿←购买动机←环境刺激←生活方式，其路径系数为 0.68 * 0.58 * 0.24 = 0.09。取生活方式影响购买意愿的最大的路径系数 max（0.49，0.19，0.09）= 0.49，作为生活方式对购买意愿的最大影响程度。综合以上六个潜变量间的相互关系，期望满意度对购买意愿的正向影响最大，为 0.72；其次是感知价值，为 0.58；生活方式通过环境刺激正向影响购买意愿的程度最小，仅为 0.09。以上信息说明消费者的切身体验、主观感受与感知价值对购买意愿的影响起主要作用，而客观的环境刺激对购买意愿的影响效果相对不明显。

图 7-3 是基于图 7-2 的测量模型分解图，是各个潜变量与他们各自观测变量的图解。结合图 7-2 和图 7-3，感知价值的四个观测变量中，感知价值对消费偏好的正向作用最大，为 0.91；购买动机的五个观测变量中，购买动机对追求时尚的正向影响作用最大，为 0.85；期望满意度的两个观测变量中，期望满意度对私家车满足了我的需求的正向影响作用最大，为 0.89；购买意愿的四个观测变量中，购买意愿对愿意购买的正向影响作用最大，为 0.85；环境刺激的四个观测变量中，环境刺激对政府政策提高我的购买意愿的正向影响作用最大，为 0.85；生活方式的六个观测变量中，生活方式对生活态度、工作态度和自我认知的正向影响作用都较大，分别为 0.86，0.85 和 0.87。以上信息说明了影响消费者消费行为的主导因素可以分为主观因素和客观因素，主观因素有消费偏好、生活方式、工作方式、自我感知和对私家车的需求程度，客观因素有政府的补贴和减免税政策。可见，一、二线城市的消费者关心的还是实实在在的收益和私家车的效用。

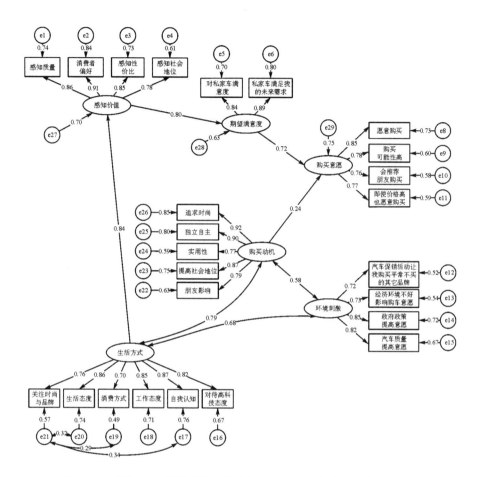

图 7-2 采用 Amos 分析后得到的路径图（一、二线城市有购车计划）

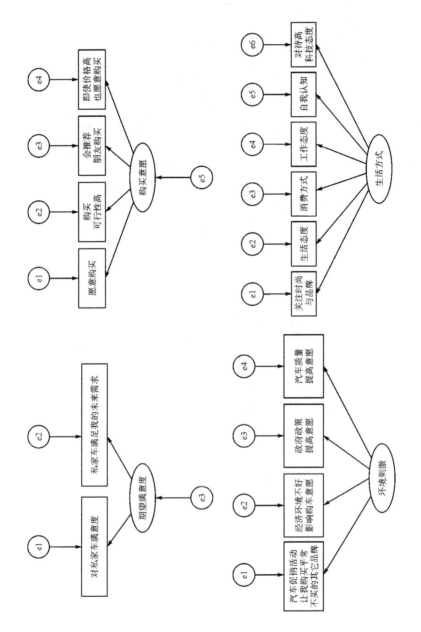

图7-3 测量模型分解图（一、二线城市有购车计划）

7.2　无购车计划模型

中国一、二线城市私家车市场负外部性效应的消费行为研究除了要考虑有购车计划的消费者，还要考虑目前有车且无购车计划的消费者。本节主要研究无购车计划的私家车消费者行为。

7.2.1　结构模型建立

基于一、二线城市私家车市场特点及理论假设的验证结果，本节建立了无购车计划的结构方程模型，如图7-4所示，使用满意度和感知价值直接作用于使用意愿。生活方式通过感知价值间接作用于使用意愿。可以看到，无购车计划的结构方程模型有四个潜变量，结构关系简单，因此结构方程模型也较为简单。

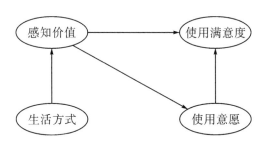

图7-4　一、二线城市无购车计划结构方程模型

7.2.2　理论模型的研究假设

根据第四章的理论模型图4-2，本节研究提出的理论包含了两个方面的变量之间的关系：第一，使用满意度与私家车消费者使用意愿之间的关系；第二，感知价值与私家车消费者使用意愿之间的关系。而使用满意度与感知价值和生活方式有关。因此，综上提出以下假设：

Hb1：感知价值对使用满意度是正向影响作用；

Hb2：感知价值对使用意愿是正向影响作用；

Hb3：使用满意度对使用意愿是正向影响作用；

Hb4：生活方式对感知价值是正向影响作用。

7.2.3　结构模型检验

表 7-5 是一、二线城市无购车计划模型信度与效应检验。从表 7-5 可以看出题项 C3"我认为私家车是目前完美的出行工具"的效度 0.35<0.5，L1"关注时尚和品牌"的效度 0.29<0.5，未能通过效度检验，应予以删除。表中所有信度系数均大于经验临界值 0.7，表明信度可接受。

表 7-5　一、二线城市无购车计划模型信度与效度检验

变量		信度检验	效度检验	修正
潜变量	观测变量	Cronbachs, α 值	因子载荷	
使用满意度	C1	0.771	0.75	保留
	C2		0.76	保留
	C3		0.35	删除
使用意愿	W1	0.890	0.93	保留
	W2		0.80	保留
	W3		0.89	保留
	W4		0.81	保留
感知价值	P1	0.854	0.76	保留
	P2		0.80	保留
	P3		0.95	保留
	P4		0.76	保留
生活方式	L1	0.938	0.29	删除
	L2		0.64	保留
	L3		0.51	保留
	L4		0.79	保留
	L5		0.81	保留
	L6		0.63	保留

删除题项 C3 和 L1 后，一、二线城市无购车计划模型的各问题的信度效度修正后的检验结果如表 7-6 所示：

表 7-6　修正后信度效度检验（一、二线城市无购车计划）

变量及题项		信度检验	效度检验	修正
变量	题项	Cronbachs' α 值	因子载荷	
使用满意度	C1	0.772	0.82	保留
	C2		0.84	保留
生活方式	L2	0.939	0.69	保留
	L3		0.63	保留
	L4		0.86	保留
	L5		0.86	保留
	L6		0.65	保留

可以看到修正后的题项各信度和效度均通过检验，修正后的题项更加符合科学研究的严谨和合理性。表 7-7 是对一、二线城市无购车计划结构模型的检验性因子分析。从表 7-7 可以看出，本研究用一、二线城市私家车市场上有无购车计划所做的验证性因子分析，来检验量表的建构效度。表 7-7 是对结构模型的拟合指标，其中 GFI、AGFI、PGFI、NFI、RFI、IFI 和 PNFI 均达到标准值，而卡方与自由度之比 χ^2/df、TLI 与 CFI 接近标准值，在可接受的范围内。因此，从整体模型拟合度来看，模型与数据拟合度良好，表明所构建的一、二线城市无购车计划结构模型较合理。

表 7-7　一、二线城市无购车计划结构模型的检验性因子

指标	指标值 4.558	判别标准 1~3（可适当放宽至 5）
RMR	0.438	<0.05
GFI	0.906	>0.90
AGFI	0.905	>0.90
PGFI	0.696	>0.50
NFI	0.948	>0.90
RFI	0.896	>0.50
IFI	0.902	>0.90
TLI	0.863	>0.90

表7-7(续)

指标	指标值 4.558	判别标准 1~3（可适当放宽至5）
CFI	0.566	>0.90
PNFI	0.791	>0.50

7.2.4 无购车计划的结构方程模型分析

本研究用路径系数来判定各潜变量间的相关性。因为路径系数能反映各潜变量间相关性的大小：路径系数越大，表示这两个潜变量之间具有较强的相关性，说明相关性显著。一、二线城市无购车计划结构模型的潜变量之间的路径系数拟合结果见表7-8。从表7-8可以看出，使用满意度←感知价值、使用意愿←感知价值、使用意愿←使用满意度、感知价值←生活方式之间的标准化路径系数值均在0.001的水平上显著，表明其相关关系极显著，并且均为正向影响关系，假设Hb1、Hb2、Hb3、Hb4成立。

表7-8 潜变量之间的负载拟合结果（一、二线城市无购车计划）

潜变量间的关系	标准化 路径系统	非标准化 路径系数	标准误差 S. E.	临界值 C. R.	P值
使用满意度←感知价值	0.743	0.871	0.083	10.422	＊＊＊
使用意愿←感知价值	0.514	0.586	0.107	5.484	＊＊＊
使用意愿←使用满意度	0.304	0.296	0.091	3.231	＊＊＊
感知价值←生活方式	0.758	0.269	0.030	8.963	＊＊＊

注：＊＊＊表示P<0.001。

图7-5是应用Amos统计软件得到的一、二线城市无购车计划模型的路径结果图。图7-6是基于图7-5的测量模型分解图，其中只列出了生活方式与使用意愿两个潜变量与它们的观测变量的关系，对于其他潜变量如感知价值、使用满意度，读者可以参照有购车计划模型图7-3，这里就不作赘述。

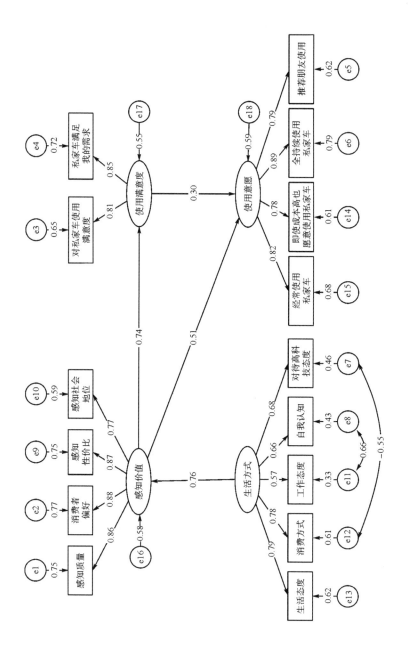

图7-5 采用Amos分析后得到的路径图（一、二线城市无购车计划）

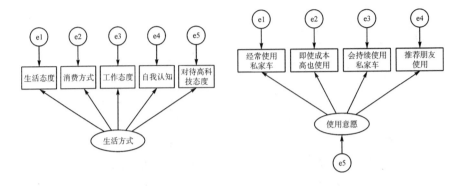

图 7-6　测量模型分解图（一、二线城市无购车计划）

　　如图 7-5 所示，使用意愿的直接相关变量是感知价值和使用满意度，它们对使用意愿的作用是正向因果作用。生活方式通过感知价值来间接影响使用意愿。在直接正向因果关系中，使用满意度对使用意愿的作用较小，其标准路径系数仅为 0.30；而感知价值对使用意愿的作用较大，其标准路径系数为 0.51。生活方式通过中间变量感知价值间接影响使用意愿，可以表示为：使用意愿←感知价值↔生活方式，其路径系数为 0.76 * 0.51 = 0.39。结合图 7-5 和图 7-6，感知价值的四个观测变量中，感知价值对消费偏好的正向作用最大，为 0.88；使用满意度的两个观测变量中，使用满意度对私家车满足了我的需求的正向影响作用最大，为 0.85；使用意愿的四个观测变量中，使用意愿对会持续使用私家车的正向影响作用最大，为 0.89；生活方式的五个观测变量中，生活方式对生活态度和消费方式的正向影响作用都较大，分别为 0.79 和 0.78。以上信息说明了影响消费者消费行为的主导因素是感知价值，而消费偏好、生活方式、消费方式和对私家车的使用需求程度为次要因素。可见，一、二线城市的消费者在私家车的使用上，关心的是私家车使用的效用。

7.3 小结

在中国一、二线城市私家车市场存在负效应这一前提下，本章研究中国一、二线城市私家车市场的消费行为。在负效应的影响下，大多数的消费者的购车意愿和使用意愿都有所降低。本章围绕这两种意愿水平，分别建立了有购车计划的结构方程模型和无购车计划的结构方程模型，并在两种模型下研究影响消费者行为的各种因素。研究发现，在有购车计划模型中，期望满意度对购买意愿的直接正向影响作用最大；在无购车计划模型中，消费者的感知价值对使用意愿的直接正向影响作用最大，这说明消费者的主观感受和私家车的使用效用对消费行为影响较大。研究还发现一些客观因素也可以影响消费行为，如政府的政策法规。因此，本章从两个方面给私家车消费市场提一些建议。政府方面，可以出台相应的政策法规来引导正确合理的私家车消费。鉴于一、二线城市私家车市场存在的负效应，政府可以大力推广提倡人们选择地铁、公交、空中巴士等较为成熟的公用交通方式，对于城市的交通道路，政府要通过相应的调查研究在道路的合理有效的路径规划方面采取有效的方法。汽车生产厂家方面，为了增加汽车的销量和增强企业竞争力，汽车生产厂家可以把重点放在如何提升产品质量、性能和服务上，生产满足消费者价值需求的特色产品，提供汽车品质的个性服务，使消费者满意，这样才能在激烈竞争中取胜，使有特色的私家车品牌不断发展。

8 中国三、四线城市私家车市场的消费行为研究

随着中国经济的快速增长、人民生活水平日益提高，私家车已经大规模进入寻常百姓家。中国家庭和个人对私家车的购买能力越来越强，私家车的需求也越来越大，汽车消费正逐渐成为一种新的消费时尚，给人们的生活带来了便利和享受。私家车消费显然已成为消费市场的一个新亮点，特别是在中国三、四线城市中表现得尤为突出。据统计，从 2009 年开始中国三、四线城市购买私家车者不断增多，私家车成为一个家庭主要的消费品。近年来，一、二线城市的私家车消费受政府的政策压力、需求饱和、道路拥堵等各方面的影响发展缓慢，使中国汽车市场形成了微增长的状态，而三、四线的私家车消费市场也在这种状态下开始了缓慢的发展。有专家指出，中国三、四线城市在私家车消费市场已经进入了汽车消费的第一高速增长期，潜在的消费者达八亿之众，其中中西部较为发达的地级城市、东部富裕的县级城市及辖区是私家汽车消费增长最快的区域。随着各个一、二线城市纷纷实行限行及摇号政策，许多汽车厂商逐渐把目光投向三、四线城市，并把拓展三、四线城市作为未来发展的重要市场策略。因此，在中国很多地区的三、四线城市，相继出现了汽车市场消费的热潮。

中国三、四线城市的汽车消费市场呈现如下特点：

第一，宽松的政府消费政策。汽车消费政策对汽车市场的影响随着私人家庭消费的增加而加大。近年来，在许多三、四线城市的汽车消费领域，政府都想方设法降低私家车消费门槛，积极鼓励汽车消费，因此购车

和用车环境相对宽松。

第二，低廉的用车成本。影响私家车消费的重要因素之一是私家车使用的费用。在一、二线城市私家车使用费往往较高，如北京、上海，其油费、停车费和路桥费用都很高，而中小城市的用车费用则相对低很多。并且，有些中小城市由于蕴含比较丰富的天然气资源，如四川的一些城市，这样的地方以压缩天然气替代常规汽油或柴油作为汽车燃料相当流行，也节约了用车费用。

第三，朴实的消费观念。在中国大城市很多消费者购买私家车都要讲究价格与身份是否匹配，而三、四线城市的消费者多数因收入不及一、二线城市，并不十分关注汽车的品牌和性能，消费观念比较朴实，即"有车就行，能开就好"。大部分消费者注重的是拥有私家车的生活享受，而不是用其品牌价格来标示身价。在三、四线城市购置私家车关注更多的是经济实用。因此，三、四线城市的私家车市场消费氛围浓厚，能刺激人们的购车欲望，并形成了良好的消费循环。

随着汽车时代的到来，汽车更多地进入人们的生活是一个必然趋势，对生活在三、四线城市的人们来说拥有私家车是一种"幸福的享受"。在这些城市，私家车市场的消费存在正效应，正效应本身会影响消费者选购及使用私家车的行为。本章基于中国三、四线城市私家车市场的正效应，抽象建立结构方程模型，深入研究影响私家车消费的主要因素，并以期得到一些指导性的政策建议。

8.1 有购车计划模型

对于中国三、四线城市私家车市场正效应下的消费行为研究，本章依然延续第七章的研究思路与结构。本节着重研究有购车计划模型的私家车消费行为。

8.1.1 结构模型建立

基于三、四线城市私家车市场特点及理论假设的验证，本节建立了有购车计划的结构方程模型，如图 8-1 所示，期望满意度和购买动机直接作用于购买意愿。购买动机受三方面的影响：一是受个人生活方式的影响，如受生活态度、消费方式、工作态度、自我认知和对科技的敏感程度的影响；二是受感知价值的影响，如受感知质量、消费者偏好、感知性价比、感知社会地位的影响；三是受环境刺激影响，具体表现在汽车促销活动、经济大环境、政府补贴政策和汽车质量及性能的提高是否促使消费者产生购车欲望。我们可以看到，生活方式和环境刺激是基础，会通过购买动机、感知价值间接作用期望满意度和购买意愿，进而影响消费者行为。

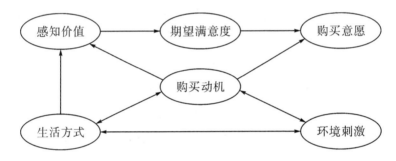

图 8-1　三、四线城市有购车计划结构方程模型

8.1.2 理论模型的研究假设

根据第四章理论模型 4-1，本节的研究提出的理论包含了两个方面的变量之间的关系：第一，期望满意度与私家车消费者购买意愿之间的关系；第二，购买动机与私家车消费者购买意愿之间的关系。而期望满意度与购买动机又受其他变量的影响，如感知价值、生活方式和环境刺激。因此，综上提出以下假设：

Hc1：期望满意度对购买意愿是正向影响作用；

Hc2：购买动机对购买意愿是正向影响作用；

Hc3：感知价值对期望满意度是正向影响作用；

Hc4：生活方式对感知价值是正向影响作用；

Hc5：购买动机对感知价值是正向影响作用；

Hc6：生活方式和购买动机是相互影响作用；

Hc7：生活方式和环境刺激是相互影响作用；

Hc8：环境刺激和购买动机是相互影响作用。

8.1.3 结构模型检验

表 8-1 是三、四线城市有购车计划结构模型信度与效度检验。从表 8-1 可以看出题项 C3 "我认为私家车几乎是完美的出行工具"的效度 0.38<0.5，L1 "关注时尚和品牌"的效度 0.26<0.5，未能通过效度检验，应予以删除。表中所有信度系数均大于经验临界值 0.7，表明量信度可接受。

表 8-1　三、四线城市有购车计划结构模型信度与效度检验

变量	题项	信度检验 Cronbachs' α 值	效度检验 因子载荷	修正
期望满意度	C1	0.794	0.80	保留
	C2		0.94	保留
	C3		0.38	删除
购买意愿	W1	0.883	0.88	保留
	W2		0.68	保留
	W3		0.82	保留
	W4		0.78	保留
感知价值	P1	0.858	0.91	保留
	P2		0.93	保留
	P3		0.91	保留
	P4		0.91	保留

表8-1（续）

变量	题项	信度检验 Cronbachs' α 值	效度检验 因子载荷	修正
购买动机	P1	0.893	0.85	保留
	P2		0.84	保留
	P3		0.92	保留
	P4		0.77	保留
	P5		0.75	保留
生活方式	L1	0.958	0.26	删除
	L2		0.85	保留
	L3		0.72	保留
	L4		0.87	保留
	L5		0.86	保留
	L6		0.84	保留
环境刺激	E1	0.803	0.69	保留
	E2		0.62	保留
	E3		0.83	保留
	E4		0.91	保留

删除题项 C3 后，三、四线城市有购车计划模型的各问题的信度效度修正后的检验结果如表 8-2 所示。

表 8-2 修正后信度效度检验（三、四线城市有购车计划）

变量	题项	信度检验 Cronbachs, α 值	效度检验 因子载荷	修正
期望满意度	C1	0.796	0.84	保留
	C2		0.91	保留

表8-2(续)

变量	题项	信度检验 Cronbachs, α 值	效度检验 因子载荷	修正
	L2		0.80	保留
	L3		0.73	保留
生活方式	L4	0.939	0.84	保留
	L5		0.91	保留
	L6		0.82	保留

可以看到修正后的题项各信度和效度均通过检验，修正后的题项更加符合科学研究的严谨和合理性。表8-3是对三、四线城市有购车计划结构模型的检验性因子分析。从下表可以看出，本研究用三、四线城市私家车市场上有购车计划所做的验证性因子分析，来检验量表的建构效度。表8-3是对结构模型的拟合指标，其中 GFI、AGFI、PGFI、NFI、RFI 和 PNFI 均达到标准值，而卡方与自由度之比 χ^2/df、IFI、TLI 与 CFI 接近标准值，在可接受的范围内。因此，从整体模型拟合度来看，模型与数据拟合度良好，表明所构建的三、四线城市有购车计划结构模型较合理。

表 8-3　三、四线城市有购车计划结构模型的检验性因子分析

指标	指标值 3.165	判别标准 1~3（可适当放宽至5）
RMR	0.466	<0.05
GFI	0.945	>0.90
AGFI	0.925	>0.90
PGFI	0.592	>0.50
NFI	0.929	>0.90
RFI	0.914	>0.50
IFI	0.894	>0.90
TLI	0.877	>0.90
CFI	0.893	>0.90
PNFI	0.741	>0.50

8.1.4 有购车计划的结构方程模型分析

本研究用路径系数来判定各潜变量间的相关性。因为路径系数能反映各潜变量间相关性的大小：路径系数越大，表示这两个潜变量之间具有较强的相关性，说明相关性显著。三、四线城市有购车计划结构模型的潜变量之间的路径系数拟合结果见表8-4。从表8-4可以看出，购买意愿←期望满意度、购买意愿←购买动机、期望满意度←感知价值、感知价值←生活方、感知价值←购买动机，它们之间的标准化路径系数值均在0.001的水平上显著，表明其相关关系极显著，并且均为正向影响关系，假设Hc1、Hc2、Hc3、Hc4、Hc5成立；生活方式↔购买动机、生活方式↔环境刺激、环境刺激↔购买动机，它们之间的标准化路径系数值均在0.001的水平上显著，表明其相关关系极显著，并且均为双向影响关系，假设Hc6、Hc7、Hc8成立。

表8-4 潜变量之间的负载拟合结果（三、四线城市有购车计划）

潜变量间的关系	标准化路径系统	非标准化路径系数	标准误差 S. E.	临界值 C. R.	P 值
购买意愿←期望满意度	0.628	0.593	0.084	7.040	＊＊＊
购买意愿←购买动机	0.302	0.100	0.025	3.879	＊＊＊
期望满意度←感知价值	0.766	0.970	0.085	11.387	＊＊＊
感知价值←生活方式	0.222	0.037	0.014	2.620	＊＊＊
感知价值←购买动机	0.716	0.199	0.026	7.548	＊＊＊
生活方式↔购买动机	0.791	15.377	1.908	8.056	＊＊＊
生活方式↔环境刺激	0.684	1.579	0.215	6.539	＊＊＊
环境刺激↔购买动机	0.636	1.999	0.310	6.431	＊＊＊

注：＊＊＊表示P<0.001。

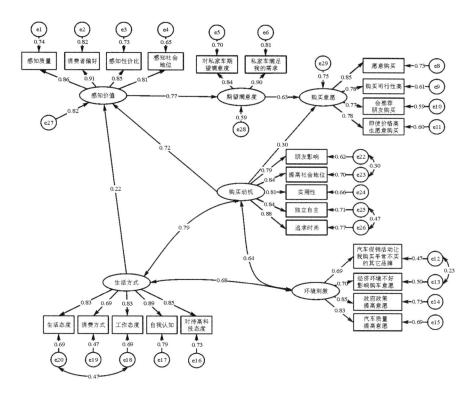

图 8-2　采用 Amos 分析后得到的路径图（三、四线城市有购车计划）

如图 8-2 所示，购买意愿的直接相关变量是购买动机和期望满意度，它们对购买意愿的作用是正向因果作用。生活方式、购买动机和环境刺激构成了相互影响的三角关系。除此以外，感知价值、生活方式和环境刺激三个变量或者通过购买动机或者通过期望满意度来间接影响购买意愿。可以看到，在直接正向因果关系中，购买动机对购买意愿的作用较小，其标准路径系数仅为 0.30；而期望满意度对购买意愿的作用较大，其标准路径系数为 0.63。感知价值通过中间变量期望满意度间接影响购买意愿，可以表示为：购买意愿←期望满意度←感知价值，其路径系数为 0.77 * 0.63 = 0.49。环境刺激通过中间变量购买动机间接影响购买意愿，可以表示为：购买意愿←购买动机←环境刺激，其路径系数为 0.64 * 0.30 = 0.19。生活方式可以看成是其他各个变量的基础，从生活方式出发有三条路径影响购买意愿，分别是：购买意愿←期望满意度←感知价值←生活方式，其路径系数为 0.22 * 0.77 * 0.63 = 0.11；购买意愿←购买动机←生活方式，其路径系数为 0.79 * 0.30 = 0.23；购买意愿←购买动机←环境刺激←生活方式，其路径系数为 0.68 * 0.64 * 0.30 = 0.13。取生活方式影响购买意愿的最大的路径系数 max（0.11，0.23，0.13）= 0.23，作为生活方式对购买意愿的最大影响程度。综合以上六个潜变量间的相互关系，期望满意度对购买意愿的正向影响最大，为 0.63；其次是感知价值，为 0.49；生活方式通过环境刺激正向影响购买意愿的程度最小，仅为 0.13。以上信息说明消费者的切身体验、主观感受与感知价值对购买意愿的影响起主要作用，而客观的环境刺激对购买意愿的影响效果相对不明显。

从图 8-2 可以看到，感知价值的四个观测变量中，感知价值对消费偏好的正向作用最大，为 0.91；购买动机的五个观测变量中，购买动机对追求时尚的正向影响作用最大，为 0.88；期望满意度的两个观测变量中，期望满意度对私家车满足了我的需求的正向影响作用最大，为 0.90；购买意愿的四个观测变量中，购买意愿对愿意购买的正向影响作用最大，为 0.85；环境刺激的四个观测变量中，环境刺激对政府政策提高我的购买意愿的正向影响作用最大，为 0.85；生活方式的五个观测变量中，生活方式对生活态度、工作态度、自我认知和对待高科技态度的正向影响作用都较大，分别为 0.83，0.83，0.89 和 0.85。以上信息说明了影响消费者消费行为的主导因素可以分为主观因素和客观因素：主观因素有消费偏好、生活方式、工作方式、自我感知和对私家车的需求程度；客观因素有政府的补贴和减免税政策。与一、二线城市私家车市场不同，在三、四线城市模型中购买动机直接正向影响感知价值，即朋友影响、实用性、提高社会地位、独立自主和追求时尚影响感知质量、消费偏好、感知性价比和感知社会地位，这说明，三、四线城市的私家车消费者更容易受到周围环境的影响。由于三、四线城市经济相对一、二线城市欠发达，人们的消费观念往往带有一定的地区性和区域性。很多消费者之前都是无私家车的，他们对于私家车的感知价值多数来自周围亲戚、朋友的感受。而恰恰是其他消费者的购车与用车，促成了消费者自己的购买动机。当然，这其中也不乏攀比的心理，造成本身无用车需求的消费者也购买私家车的现象产生。因此，三、四线城市消费者的感知价值受购买动机的影响，并且这种影响是正向的。

8.2 无购车计划模型

同样，中国三、四线城市私家车市场正效应的研究除了要考虑有购车计划的消费者，还要考虑目前有车且无购车计划的消费者。本节主要研究无购车计划的私家车消费者行为。

8.2.1 结构模型建立

基于三、四线城市私家车市场特点及理论假设的验证，本节建立了无购车计划的结构方程模型，如图8-3所示，使用满意度和感知价值直接作用于使用意愿。生活方式通过感知价值或者使用满意度间接作用于使用意愿。与有购车计划的结构方程模型相比，无购车计划的结构方程模型结构关系简单，模型也较为简单。

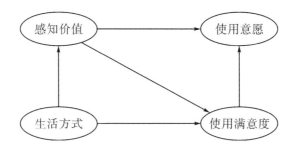

图8-3 三、四线城市无购车计划结构方程模型

8.2.2 理论模型的研究假设

根据第四章的理论模型图4-2，本节研究提出的理论包含了两个方面的变量之间的关系：第一，使用满意度与私家车消费者使用意愿之间的关

系；第二，感知价值与私家车消费者使用意愿之间的关系。而使用满意度
与感知价值和生活方式有关。因此，综上提出以下假设：

Hd1：感知价值对使用满意度是正向影响作用；

Hd2：感知价值对使用意愿是正向影响作用；

Hd3：使用满意度对使用意愿是正向影响作用；

Hd4：生活方式对感知价值是正向影响作用；

Hd5：生活方式对使用满意度是正向影响作用。

8.2.3 结构模型检验

表 8-5 是三、四线城市无购车计划模型信度与效度检验。从表 8-5 可
以看出题项 C3"我认为私家车是目前完美的出行工具"的效度 0.46<0.5，
L1"关注时尚和品牌"的效度 0.29<0.5，未能通过效度检验，应予以删
除。表中所有信度系数均大于经验临界值 0.7，表明量信度可接受。

表 8-5 三、四线城市无购车计划模型信度与效度检验

变量		信度检验	效度检验	修正
潜变量	观测变量	Cronbachs' α 值	因子载荷	
使用满意度	C1		0.92	保留
	C2	0.827	0.84	保留
	C3		0.46	删除
使用意愿	W1		0.84	保留
	W2	0.872	0.78	保留
	W3		0.80	保留
	W4		0.55	保留
感知价值	P1		0.86	保留
	P2	0.853	0.85	保留
	P3		0.89	保留
	P4		0.96	保留

表8-5(续)

变量		信度检验	效度检验	修正
潜变量	观测变量	Cronbachs' α 值	因子载荷	
生活方式	L1	0.944	0.29	删除
	L2		0.84	保留
	L3		0.67	保留
	L4		0.70	保留
	L5		0.68	保留
	L6		0.52	保留

删除题项 C3 和 L1 后，三、四线城市无购车计划模型的各问题的信度效度修正后的检验结果如下表：

表 8-6 修正后信度效度检验（三、四线城市无购车计划）

变量及题项		信度检验	效度检验	修正
变量	题项	Cronbachs' α 值	因子载荷	
使用满意度	C1	0.829	0.90	保留
	C2		0.92	保留
生活方式	L2	0.947	0.66	保留
	L3		0.67	保留
	L4		0.78	保留
	L5		0.85	保留
	L6		0.68	保留

可以看到修正后的题项各信度和效度均通过检验，修正后的题项更加符合科学研究的严谨和合理性。表8-7是对三、四线城市无购车计划结构模型的检验性因子分析。从表8-7可以看出，本研究用三、四线城市私家车市场上无购车计划所做的验证性因子分析，来检验量表的建构效度。表8-7是对结构模型的拟合指标，其中 GFI、AGFI、PGFI、NFI、RFI、TLI 和 PNFI 均达到标准值，而卡方与自由度之比 χ^2/df、RMR、IFI、与 CFI 接

近标准值，在可接受的范围内。因此，从整体模型拟合度来看，模型与数据拟合度良好，表明所构建的三、四线城市无购车计划结构模型较合理。

表 8-7　三、四线城市无购车计划结构模型的检验性因子分析

指标	指标值 3.815	判别标准 1~3（可适当放宽至5）
RMR	0.476	<0.05
GFI	0.944	>0.90
AGFI	0.937	>0.90
PGFI	0.807	>0.50
NFI	0.915	>0.90
RFI	0.910	>0.50
IFI	0.856	>0.90
TLI	0.906	>0.90
CFI	0.855	>0.90
PNFI	0.719	>0.50

8.2.4　无购车计划的结构方程模型分析

本研究用路径系数来判定各潜变量间的相关性。因为路径系数能反映各潜变量间相关性的大小：路径系数越大，表示这两个潜变量之间具有较强的相关性，说明相关性显著。关于三、四线城市无购车计划结构模型的潜变量之间的路径系数拟合结果见表 8-8。从表 8-8 可以看出，使用满意度←感知价值、使用意愿←感知价值、使用意愿←使用满意度、感知价值←生活方式、使用满意度←生活方式，它们之间的标准化路径系数值均在0.001 的水平上显著，表明其相关关系极显著，并且均为正向影响关系，假设 Hd1、Hd2、Hd3、Hd4、Hd5 成立。

表 8-8　潜变量之间的负载拟合结果（三、四线城市无购车计划）

潜变量间的关系	标准化路径系统	非标准化路径系数	标准误差 S. E.	临界值 C. R.	P 值
使用满意度←感知价值	0.443	0.505	0.095	5.283	＊＊＊
使用意愿←感知价值	0.460	0.602	0.088	6.801	＊＊＊
使用意愿←使用满意度	0.412	0.462	0.071	6.487	＊＊＊
感知价值←生活方式	0.616	0.284	0.044	6.390	＊＊＊
使用满意度←生活方式	0.345	0.185	0.047	3.884	＊＊＊

注：＊＊＊表示 P<0.001。

如图 8-4 所示，使用意愿的直接相关变量是感知价值和使用满意度，它们对使用意愿的作用是正向因果的作用。生活方式通过感知价值或者使用满意度来间接影响使用意愿。可以看到，在直接正向因果关系中，使用满意度对使用意愿的标准路径系数为 0.41；感知价值对使用意愿的标准路径系数为 0.46，这说明感知价值和使用满意度对使用意愿的影响差异性不大。生活方式通过中间变量感知价值间接影响使用意愿，可以表示为：使用意愿←感知价值←生活方式，其路径系数为 0.62 * 0.46＝0.29。生活方式通过中间变量使用满意度间接影响使用意愿，可以表示为：使用意愿←使用满意度←生活方式，其路径系数为 0.35 * 0.41＝0.14。感知价值的四个观测变量中，感知价值对消费偏好的正向作用最大，为 0.89；使用满意度的两个观测变量中，使用满意度对私家车满足了我的需求的正向影响作用最大，为 0.97；使用意愿的四个观测变量中，使用意愿对会持续使用私家车的正向影响作用最大，为 0.92；生活方式的五个观测变量中，生活方式对生活态度和消费方式的正向影响作用都较大，分别为 0.79 和 0.75。以上信息说明了影响消费者消费行为的主导因素的主观因素有消费偏好、生活方式、消费方式和对私家车的需求程度。可见，三、四线城市的消费者在私家车的使用上更关心私家车使用的效用。与一、二线城市模型不同的是，在三、四线城市模型中生活方式直接正向作用于使用满意度。在三、四线城市中，由于很多消费者生活圈子的较小，生活方式单一，因此消费者本身固有的东西会影响使用满意度，并且这种影响是正向的。当然，使用满意度还会受到感知价值的影响，从图 8-4 可以看出后者的影响要大于前者。

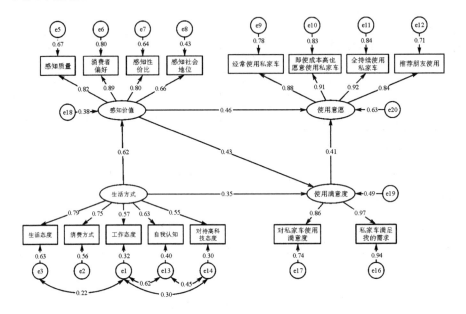

图 8-4　采用 Amos 分析后得到的路径图（三、四线城市无购车计划）

8.3　对比分析

由表 7-4 和表 8-4 可知，在一、二线城市，购买动机对感知价值的影响作用不显著；而在三、四线城市，购买动机对感知价值有正向显著影响，这与私家车市场正、负外部性有关。消费者购买私家车是为了追求便捷、舒适和时尚现代的生活，从实用性来看驾驶私家车外出比较舒适，使用私家车上下班、外出旅游也较为方便，私家车还可以扩大购买者的生活活动范围。但是，我国一、二线城市私家车市场负外部性凸显，一、二线城市的交通状况不容乐观，道路拥堵严重、停车难、费用高，大部分城市日常出行的交通负荷接近饱和，这些都降低了消费者感知价值影响作用最大的观测变量——消费偏好，因而购买动机对感知价值的影响作用不显著。而对三、四线城市而言，私家车市场总体呈现出正的外部性，城市道路顺畅，停车难问题尚未显现，消费者购买私家车后可以真正地感觉到私家车给生活带来的便利，认为购买私家车还是比较经济划算的，给生活增加了乐趣，因而购买动机对感知价值是正向显著影响的。

由表 7-4 和表 8-4 可知，环境刺激通过中间变量购买动机间接影响购买意愿，可以表示为：购买意愿←购买动机←环境刺激，并且，在一、二线城市其路径系数为 0.58 * 0.24 = 0.14；在三、四线城市其路径系数为 0.64 * 0.30 = 0.19，大于一、二线城市的路径系数，这也与私家车正负外部性有关。在一、二线城市私家车保有量过高，由此带来了严重的环境污染、交通拥挤、能源安全问题。为了治理以上问题，绝大多数一、二线城市政府实施了汽车摇号限购和车号限行政策，加上本身不乐观的交通状况及昂贵的消费费用，降低了消费者的购买动机，从而降低了消费者的购买意愿。而在三、四线城市由于私家车相对城市规模来说密度相比一、二线城市较小，私家车的整体数量少，交通顺畅，附属设施基本能满足私家车的使用，私家车带来的拥堵、污染等问题相对还不明显，人们拥有汽车及使用汽车的期望和理想较为强烈，这样的大环境增强了消费者购买私家车的动机，从而影响了消费者对私家车的购买意愿。故而一、二线城市购买意愿←购买动机←环境刺激的路径系数小于三、四线城市。

由表 7-8 和表 8-8 可知，在一、二线城市，生活方式对使用满意度的影响作用不显著；而在三、四线城市，生活方式对使用满意度有正向显著影响，这也与私家车正负外部性有关。在一、二线城市私家车带来的交通拥堵和空气污染问题都较为明显，在私家车保有量快速增长的同时，道路建设及其附属的其他设施如停车场的供应速度赶不上私家车的增加速度，造成交通秩序混乱和车辆乱停乱放等严重问题，私家车市场呈现负外部性。这些因素导致私家车的使用没能满足消费者需求，因此一、二线城市的受访者表现为其生活态度、消费方式等对私家车使用满意度的影响是不显著的，即生活方式对使用满意度的影响作用不显著。而在三、四线城市，私家车市场呈现正的外部性，交通设施的不断完善使交通较为通畅，停车及车辆的使用都较为便捷，这些因素使得私家车消费者在购买私家车后感知对私家车比较满意，私家车很好地满足了其需求。这些都说明私家车消费者生活方式对使用满意度有正向显著影响。

由表7-8和表8-8可知，在一、二线城市和三、四线城市使用满意度对使用意愿都有正向影响作用，但一、二线城市其标准路径系数为0.304，三、四线城市其标准路径系数为0.412，说明在三、四线城市使用满意度对使用意愿的正向影响作用大于一、二线城市，这也与私家车市场正负外部性有关。一、二线城市由于私家车的快速增加和城市的道路建设、各类私家车附属设施的增加无法做到协调发展，形成交通拥堵、污染集中等问题，严重影响居民的日常生活。政府采取限购、限号、增加用车费用等措施予以平衡和约束私家车的使用，使私家车的购买成本和使用成本增加，导致居民购车和换车的意愿及使用行为都受到相应的影响，因此私家车市场呈现负外部性，消费者对私家车的使用满意度降低，居民对私家车的使用意愿也大打折扣。而三、四线城市私家车的整体数量少，附属设施基本能满足私家车的使用，拥堵、污染等问题还未凸显，人们拥有汽车及使用汽车的希望较为强烈，拥有私家车带来的便利和经济的发展使人们充满幸福生活的满足感，私家车市场呈现正的外部性，消费者对私家车的使用满意度提高，居民对私家车的使用意愿也大幅提高。因此，在三、四线城市使用满意度对使用意愿的正向影响作用大于一、二线城市。

8.4 小结

基于中国三、四线城市私家车市场存在正效应这一前提下，本章研究中国三、四线城市私家车市场的消费行为。在正效应的影响下，大多数的消费者的购车意愿和使用意愿比一、二线城市的消费者更强。本章围绕这两种意愿水平，分别建立了有购车计划的结构方程模型和无购车计划的结构方程模型，并在两种模型下研究影响消费者行为的各种因素。研究发现，本章得出了和第七章一、二线城市模型相似的结果，即在有购车计划模型中，期望满意度对购买意愿的直接正向影响作用最大；在无购车计划模型中，消费者的感知价值对使用意愿的直接正向影响作用最大。这说明消费者的主观感受和私家车的使用效用对消费行为影响较大；客观因素方面，政府的政策法规会影响消费行为。本章还得出了与一、二线城市模型不同的结论，即在有购车计划模型中，购买动机对感知价值有直接正向影响作用；在无购车计划模型中，生活方式对使用满意度有直接正向影响作用。因此，本研究可以从两个方面给私家车消费市场一些建议。政府方面，可以出台相应的政策法规来引导正确合理的私家车消费。基于三、四线城市私家车市场存在的正效应，政府可以出台较为宽松的政策鼓励私家车的使用和购买，如降低汽车购买的购置税，对购买经济型轿车进行一定的税收补贴，开展汽车下乡活动等。汽车生产厂家方面，除了考虑如何提升产品质量、性能和服务外，还应该考虑三、四线城市消费者的特点，充分分析他们的购买动机和生活方式，生产出更能迎合消费者的产品和服务，使消费者满意，这样才能在激烈竞争中处于不败之地。

9 结论与展望

9.1 研究结论

随着中国经济快速增长、人民生活水平日益提高，私家车已经大规模进入寻常百姓家。中国家庭和个人对私家车的购买能力越来越强，私家车的需求也越来越大。中国已经进入汽车时代，汽车工业的快速发展特别是城市居民私家车保有量的持续增加所带来的环境、交通、能源和社会问题日益凸显。这些问题是私家车使用和消费所产生的负外部性，然而不同城市的反应程度不同。在一、二线城市，由于受到城市有限资源的限制，交通供给与需求之间的矛盾加剧。城市道路交通拥挤、环境污染、居民出行难等问题在一、二线城市中表现尤为突出。在这些城市，私家车市场的消费更多反应的是负效应，这些负效应影响着消费者选购及使用私家车的行为。在三、四线城市，私家车消费已成为消费市场的一个热点。在这些城市，交通状况良好，加之低廉的用车成本、优惠的政府补贴政策使得私家车市场的消费存在正效应，正效应本身会影响消费者选购及使用私家车的行为。本书以城市消费者为研究对象，探讨不同类型城市私家车消费行为的特点，目的在于分析影响消费行为的主要因素，剖析影响因素与行为之间的相互关系。本书针对中国实际国情，在不同交通状况下利用消费者行为理论建立城市居民私家车消费行为的结构方程模型。本书研究了中国不同类型城市私家车消费行为现状及其影响因素，同时也为政府相关部门宏观调控私家车市场和对汽车产业政策的制定提供决策参考和依据。本书的主要结论如下：

（1）中国一、二线城市私家车市场存在负效应，消费者对私家车的购买意愿和使用意愿较低。

（2）中国三、四线城市私家车市场存在正效应，消费者对私家车的购买意愿和使用意愿较高。

（3）中国一、二线城市的私家车市场消费行为。

研究发现，在私家车市场负效应影响下，在有购车计划的消费者中，期望满意度对购买意愿的直接正向影响作用最大；在无购车计划的消费者中，消费者的感知价值对使用意愿的直接正向影响作用最大。本书验证了如下假设：

◆有购车计划模型：

Ha1：期望满意度对购买意愿是正向影响作用；

Ha2：购买动机对购买意愿是正向影响作用；

Ha3：感知价值对期望满意度是正向影响作用；

Ha4：生活方式对感知价值是正向影响作用；

Ha5：生活方式和购买动机是相互影响作用；

Ha6：生活方式和环境刺激是相互影响作用；

Ha7：环境刺激和购买动机是相互影响作用。

◆无购车计划模型：

Hb1：感知价值对使用满意度是正向影响作用；

Hb2：感知价值对使用意愿是正向影响作用；

Hb3：使用满意度对使用意愿是正向影响作用；

Hb4：生活方式对感知价值是正向影响作用。

通过实证研究，本书证明了以上假设均成立。

（4）中国三、四线城市私家车市场的消费行为。

研究发现，在私家车市场正效应的影响下，三、四线城市大多数的消费者的购车意愿和使用意愿比一、二线城市的消费者更强。在三、四线城市模型中，本书得到了一些与一、二线城市模型相同的结论，即在有购车计划模型中，期望满意度对购买意愿的直接正向影响作用最大；在无购车计划模型中，消费者的感知价值对使用意愿的直接正向影响作用最大。与一、二线城市不同的是，在三、四线城市私家车市场上有购车计划模型中，购买动机对感知价值有正向影响作用；在无购车计划模型中，生活方式对使用满意度有正向影响作用。本书验证了如下假设：

◆有购车计划模型：

Hc1：期望满意度对购买意愿是正向影响作用；

Hc2：购买动机对购买意愿是正向影响作用；

Hc3：感知价值对期望满意度是正向影响作用；

Hc4：生活方式对感知价值是正向影响作用；

Hc5：购买动机对感知价值是正向影响作用；

Hc6：生活方式和购买动机是相互影响作用；

Hc7：生活方式和环境刺激是相互影响作用；

Hc8：环境刺激和购买动机是相互影响作用。

◆无购车计划模型：

Hd1：感知价值对使用满意度是正向影响作用；

Hd2：感知价值对使用意愿是正向影响作用；

Hd3：使用满意度对使用意愿是正向影响作用；

Hd4：生活方式对感知价值是正向影响作用；

Hd5：生活方式对使用满意度是正向影响作用。

通过实证研究，本书证明了以上假设均成立。

（5）一、二线城市与三、四线城市私家车市场消费行为比较。

有购车计划模型中，六个潜变量感知价值、期望满意度、购买动机、购买意愿、环境刺激和生活方式有相互影响的关系。我们通过对比各变量间的标准路径值可以得到如下结论：一、二线城市模型中感知价值对期望满意度的正向影响作用、期望满意度对购买意愿的正向影响作用、购买动机对购买意愿的正向影响作用、生活方式对感知价值的正向影响作用均大于其在三、四线城市模型中的购买动机对购买意愿的正向影响作用。以上正向影响作用中，生活方式对感知价值的正向影响作用差别最大，分别是一、二线城市感知价值←生活方式为0.84，三、四线城市感知价值←生活方式为0.22。而一、二线城市模型中购买动机对购买意愿的正向影响作用、环境刺激对购买动机的相互影响作用均小于其在三、四线城市模型中的影响作用。无购车计划模型中，四个潜变量感知价值、使用满意度、生活方式和使用意愿有相互关系。我们通过对比各变量的标准路径值可以得到以下结论：一、二线城市模型中感知价值对使用满意度的正向影响作用、感知价值对使用意愿的正向影响作用、生活方式对感知价值的正向影响作用均大于其在三、四线城市模型中的影响作用。这说明，一、二线城市的私家车消费者较理性，消费观念较为主观和实用，他们的购车和用车行为受周围人文环境的影响要小于三、四线城市的消费者。因为在一、二线的城市生活的消费者要更多地考虑用车成本、用车效果和实用性，"买得起，用不起""买车易，办证难"等问题，常常是影响消费者私家车消费意愿的重要因素。而三、四线城市的消费者生活压力与用车成本均较小，交际生活范围较小导致他们的购车行为受环境影响较多，缺乏理性，从某种程度上购买私家车已经成为三、四线城市消费者的"面子工程"，这一因素成为其购车的重要心理驱动因素之一，更明显地影响了汽车消费市场。相对于一、二线城市，三、四线城市居民和周围的社会群体的联系更加紧密，这也促使三、四线城市私家车消费市场的消费群体具有攀比心理。在与身边社会关系的交往中，汽车俨然成为显示身份和地位重要的商品之一。因此，只要一人有车，他的影响会辐射到四周，促使他身边的人很快形成购买意愿，一旦购车的心理动机形成，购车行为便会发生。我们通过比较发现，一、二线城市私家车消费者强调个性，在意全面成本；三、四线城市私家车消费者主看重是否体现身份地位及是否有社会归属感。由此看来，三、四线城市私家车的消费观念仍落后于一、二线城市。

9.2 政策建议

（1）鉴于一、二线城市私家车市场存在的负效应，政府可以采用以下政策引导私家车的使用和购买：

①对于经济高度发达的一线城市，政府可以综合考虑城市的战略安全和政治与经济因素，在进行充分调研的基础上，根据经济辐射范围和快捷运输网络的具体情况，设立城市副中心即卫星城市，对与政府功能密切相关的城市功能予以保留，对不具备空间地域强关联的辅助功能在副中心予以体现，并在制定规划时注意规划与未来100年的发展相适应的交通建设要将促进经济发展和方便人们的生活考虑进去。这一措施一方面减少了中心城市的交通拥堵和污染问题，以及缓解因庞大的城市人口每日的通勤流动带来的负外部性；另一方面，通过减少中心城市的拥堵，削弱间接相关的辅助城市功能，提升副中心的道路通畅程度，通过规划，合理引导居民的出行行为，大幅减少通勤成本，逐步形成有益于城市发展的外部性特征，从而可以有效地减少原中心城市的总体碳排放，形成良性循环。在符合国家战略规划的基础上，空间地理位置及经济发展互补的一线城市或一、二线城市之间，可以打造经济走廊或经济发展区域，形成产业互补和促进人员的合理有益流动，进一步促进各类交通方式的发展，形成私家车和其他出行方式的最佳嵌入式的组合。

②大力提高城市地面公共交通基础设施的建设力度可以分流城市人口的刚性出行，如拖曳型公交、有轨电车等，在科学的规划下，合理拓展和延伸城市路网，保持现有交通干道的相对通畅。

③结合城市路网的拓展和延伸，加强建设城市立体交通空间的力度，如地铁、空中轨道客车的建设，和地面交通网络进行有机结合，提高居民出行的便利程度，不断满足人们对城市出行快捷、环保的交通需求。

④对城市的交通道路进行合理规划。在大数据的支撑下，利用快速图

像识别技术，通过运用相应的算法进行模型建设，在合理有效的路径规划方面进行有效的模拟和验证，采用控制主干交通要道的通行截面来合理增加区域的非主干道的通行网络的方式，对城市的出行决策进行正确引导，进而提高城市居民出行的通畅程度。

⑤通过规划适当提高一、二线城市燃料的品质标准，减少城市的环境污染，鼓励消费者采购污染小的私家车，进一步加强对城市居民消费价值的引导，使之树立正确的私家车消费价值观。

⑥增强居民的社会环保、生态和节约意识，鼓励新能源汽车和环保型汽车的使用，消费政策方面鼓励环保型私家车的销售、出行及新能源私家车的使用，在新能源的使用和推广上予以支持，如移动的或固定式充电设备的建设，氢燃料的安全合理的充装设施建设，等等。

⑦汽车生产及销售商在一、二线城市重点生产及销售排放标准要求高、汽车品牌知名度高的私家车，满足更加细分的中、高端私家车市场的消费需求，在政府的鼓励和支撑下，主动强化私家车的全寿命周期服务，为绿色生产贡献力量。

⑧政府可以通过限制汽车生产厂商对大排量和超标排量的汽车的生产和销售，鼓励低排放甚至零排放私家车的制造和销售。

以上政策的提出，有利于引导一、二线大型城市私家车消费者的消费偏好，通过高品质的燃油销售和更加苛刻的排放条件，达到提高一、二线城市交通效率、减少环境污染且稳定个性化等细分私家车市场的消费的目的。汽车生产厂家为了增加汽车的销量和提高企业竞争力，可以把重点放在提高产品制造质量，生产低排放、高性能的产品上。在新能源汽车的品质和可使用度上加大开发，强化性能和服务，生产出更加适合消费者的产品并提供延伸服务，使消费者满意，从而达到环境优美洁净、消费者满意、私家车制造商发展三赢的目的。

（2）鉴于三、四线城市私家车市场存在的正效应，政府可以出台较为宽松的政策。

①鼓励私家车的使用和购买，如降低汽车购买的购置税、对购买经济

型轿车进行一定的税收补贴、加强汽车下乡活动的开展等。

②政府可以加强对经济型和环保型汽车的政策和资金扶持，着眼于私家车市场的健康、可持续性发展，在发展绿色交通的前提下，为汽车制造商和销售者转型绿色能源私家车的制造和销售提供持续发展的时间和空间。

③适当加快城市交通基础设施的建设与完善，完善三、四线城市的交通设施建设，为城市居民出行提供便利。

④加大环境保护的宣传，宣扬节约、朴素的消费观念。

以上政策的提出，有利于推动中小型城市汽车销售市场的发展，并对私家车市场进行积极正确的引导。汽车生产厂家除了考虑如何提高产品质量、性能和提供优质的服务外，还应该考虑三、四线城市消费者的特点，充分分析他们的购买动机和生活方式，在满足品牌效应的基础上，生产出更能迎合消费者的产品，在政府的支持和帮助下，结合一、二线城市对绿色发展的要求，开发和强化私家车全寿命使用及服务，进一步提高能源和物质的利用率，形成三、四线城市交通快速发展，消费者通过私家车消费提高生活品质，私家车的制造及消费市场持续繁荣发展的局面。

9.3 研究展望

本书是基于结构方程模型的实证研究，对影响城市私家车市场的消费行为的因素进行了识别，即在有购车计划模型中，变量组成包括购买意愿、期望满意度、感知价值、生活方式、购买动机和环境刺激；在无购车计划模型中，变量组成包括使用意愿、使用满意度、感知价值、生活方式。在此基础上本书对以上变量及其相互关系进行细致分析与研究，但由于本书是首次对不同类型城市私家车市场的消费行为研究，并且时间和人力有限等方面的原因，本书的研究尚处于初级阶段，因此不可避免地存在一定的局限性。例如，实证研究方法本身具有一定的局限性，随机抽样对样本的选取范围较小；中国经济发展不平衡，导致不同城市消费者的消费需求特征存在差异性，因此本研究涉及消费群体特征的表现的内容存在一定误差；对消费行为的影响因素本书只能进行综合性的归纳提取，尚未做到精准识别。

基于以上问题，未来的研究可以进一步打开研究思路与丰富研究方法。①一、二线城市在建立副城市中心及分流通勤成本费用后，是否如预期那样，中心城市的交通拥堵和空气有所缓解，城市的负外部性有所减轻，减轻的幅度有多大，在减轻负外部性的影响因素中哪些是显著的，哪些是不显著的。三、四线城市是否在快速发展中保持了城市的正外部性，会不会在快速的发展中陷入目前一、二线城市的困境。②在研究方法上可以尝试通过构建不同的数学理论模型，发展优化算法对模型进行优化，进一步分析在经济快速发展过程中，实体制造业的代表——私家车制造产业的发展路径和发展战略。③在样本选取上可以在更大区域范围内搜集数据。④对未来影响城市私家车的消费行为因素，要进行较为科学准确的预见与识别。⑤在公共交通网络化和无人机蓬勃发展的背景下，对私家车市场将来的发展方向如智能驾驶、共享使用进行研究。⑥在新能源车不断发展的背景下，对不同类型的城市的交通发展规划进行空间理论研究，提出对各类城市相对有效、合理的交通发展规划，不断适应城市居民对交通出行和消费行为的需求，为城市或城市集群和城市经济圈的持续性发展提供政策建议，为繁荣社会经济的出行消费行为提供有益的参考。

参考文献

［1］杨晓燕. 中国消费者行为研究综述［J］. 经济经纬，2003，（1）：56-58.

［2］DOUGLAS B H. Post structuralist Life style Analysis：Conceptualizing the Social Post modernity［J］. Journal of Consumer Research，1997，3（23）.

［3］LOUDON D L. Consumer behavior：concepts and applications［M］. 4th Ed，New York：McGrew-Hill，1993.

［4］ENGEL J R，KOLLAT D T，BLACKWELL R D. Consumer Behavior［M］. New York：Holt，Rinehart and Winston，Inc. 1968.

［5］NICOSIA F M，CLOCK C Y. Marketing and affluence：a research prospectus，in R. L. King，Marketing and the New Science of Planning［M］. Chicago，Illinois：American Marketing Association，1968.

［6］KOTLER，PHILI G，ARMSTRONG，et al.，Principles of Marketing［M］. Harlow：Prentice Hall Europe，2008.

［7］SHETH J N，NEWMAN B I，GROSS B L. Why we buy what we buy：a theory of consumption values［J］. Journal of Business Research，1991（22）：159-170.

［8］OLIVER H M Y. Consumer behavior in China：consumer satisfaction and cultural values［M］. Loudon and New York：Roufledge，1994.

［9］SUSAN H C T，JACKIE L M T. A lifestyle analysis of female consumers in greater China［J］. Psychology & Marketing，1997.

［10］LEO Y M S，ST，CHING H. An assessment of theoretical and

methodological development in consumer research on Greater China [J]. Asia Pacific Journal of Marketing and Logistics, 2001, 13 (1): 3-33.

[11] YIM L S. The changing faces of Chinese women [J]. Marketing and Research, 1997.

[12] 邹辉文, 陈德棉. 现代消费者行为的动态系统分析 [J]. 中国管理科学, 2002 (3): 6.

[13] 瞿佳佳. 家庭旅游消费者行为的实证研究 [D]. 金华: 浙江师范大学, 2007.

[14] 李可葳. 中法奢侈品消费者行为比较分析与实证研究 [D]. 上海: 同济大学, 2008.

[15] 史有春, 耿修林, 张永健. 市场细分新范式: 基于两类不同产品的实证研究 [J]. 南开管理评论, 2010, 13 (3): 26-35.

[16] 臧旭恒, 张欣. 中国家庭资产配置与异质性消费者行为分析 [J]. 经济研究, 2018, 53 (3): 21-34.

[17] 王丽娟, 刘晓鹏, 丁蕾. 职业地位与合法收入不匹配时消费行为分析: 基于衣、食、住、行的实验研究 [J]. 消费经济, 2015, 31 (3): 49-55.

[18] 马树才, 蒋诗. 通货膨胀预期、利率变动下的中国城镇居民消费行为分析 [J]. 经济问题探索, 2015, (2): 1-9.

[19] 王文峰, 徐泽汉. 服务失误情境下的消费者沉默行为及其对品牌关系的影响 [J]. 暨南学报 (哲学社会科学版), 2015, 37 (6): 42-51.

[20] 郭新华, 夏瑞洁. 情绪与消费者行为关系研究述评 [J]. 北京工商大学学报 (社会科学版), 2010, 25 (1): 71-74.

[21] KIRA S, BIRDITT, KAREN L F. Age and gender different in adults's descriptions of emotional reactions to interpersonal problems [J]. The Journal of Gerontology Series B: Psychological Sciences and Social Sciences, 2003: 237-245.

[22] BERRY L L, LEWIS P C, STEPHAN H H. Managing the total cus-

tomer experience [J]. Journal of Personal Selling & Sales Management, 2003.

[23] LENITA D, WANG S J, ANDREW L. Culture influences on emotional responses to on 2 line store atmospheric cues [J]. Journal of Business Research, 2008, 61 (8): 806 - 812.

[24] 黎志成, 刘枚莲. 电子商务环境下的消费者行为研究 [J]. 中国管理科学, 2002, 6 (20): 4.

[25] ZEITHAML V A. Consumer perceptions of price, quality, and value: a means-end model and synthesis of evidence [J]. Journal of marketing, 1988, 6 (52): 2-22.

[26] MITCHELL V W. Consumer perceived risk: conceptualizations and models [J]. European journal of marketing, 1999 (33): 163-195.

[27] BRUCE R K, CHRISTO B. Environmental and emotional influences on willingness to buy in small and large retailers [J]. European Journal of Marketing, 2001 (35): 70-91.

[28] 高海霞, 2003. 消费者的感知风险及减少风险行为研究: 基于手机市场的研究 [D]. 杭州: 浙江大学.

[29] 潘煜, 高丽, 2009. 生活方式、顾客感知价值对中国消费者购买行为影响 [J]. 系统管理学报, 18 (6): 601-607.

[30] 陈洁, 王方华, 2012. 感知价值对不同商品类别消费者购买意愿影响的差异 [J]. 系统管理学报, 21 (6): 802-810.

[31] 江逸. 我国城镇居民消费行为影响因素研究: 基于消费者行为理论 [J]. 商业经济研究, 2019 (5): 46-48.

[32] 毕凌云, 俞学燕, 杨洁. 知识型消费者新能源汽车购买行为影响因素研究: 基于扎根理论的探索 [J]. 企业经济, 2018 (4): 19-26.

[33] 宗芳, 隽志才. 基于活动的出行方式选择模型与交通需求管理策略 [J]. 吉林大学学报 (工学版), 2007 (1): 48-53.

[34] KUBY M, ANTHONY B, CHRISTOPHER U. Factors influencing light-rail station boarding in the United States [J]. Transportation research Part

A, 2004（28）：2223-247.

　　［35］NARISRA L, MART I D, TIM S. The influence of socioeconomic characeristics, land use and travel time considerations on mode choice for midum and loger distance trips ［J］. Journal of Transport Geography, 2006（14）：327-341.

　　［36］LOO B P Y, CHEN C, FRIC T C. Rail-based transit oriented development: Lessons frme New York City and Hong Kong ［J］. Landscape and Urban Planning 2010（97）：202-212.

　　［37］MOKHTARIAN P L, CHEN C. TTB or not TTB, that is the question: a review and analysis of the empirical literature on travel time（and money） budgets ［J］. Transportation Research Part A , 2004（38）：643 - 675.

　　［38］DE PALMA A, ROCHAT D. Mode choices for trips to work in Geneva: an empirical analysis ［J］. Journal of Transport Geography, 2000（8）：43-51.

　　［39］HENSHER D A. Empirical approaches to combining revealed and stated preference data: some recent developments with reference to urban mode choice ［J ］ Research in Transportation Economics , 2008（23）：23 -29.

　　［40］贾洪飞, 龚勃文, 宗芳. 交通方式选择的非集计模型及其应用 ［J］. 吉林大学学报（工学版）, 2007（6）：1288-1293.

　　［41］姚丽亚, 孙立山, 关宏志. 基于分层 Logit 模型的交通方式选择 行为研究 ［J］. 武汉理工大学学报（交通科学与工程版）, 2010, 34（4）：738-741.

　　［42］SANTOS G, BEHRENDT H, TEYTELBOYM A. Policy instruments for sustainable road transport ［J］. Research in Transportation Economics, 2010（28）：46-91.

　　［43］胡晓伟, 王健, 孙广林. 有限理性下出行者方式行为选择 ［J］. 哈尔滨工业大学学报, 2011, 43（12）：114-118.

　　［44］顾玉磊, 陈文强, 吴群琪. 特大城市居民出行行为决策研究

[J]. 湘潭大学自然科学学报, 2012, 34 (4): 8-12.

[45] 杨励雅, 邵春福, 李霞. 城市居民出行方式选择的结构方程分析 [J]. 北京交通大学学报, 2011, 35 (6): 1-6.

[46] 周家中, 尤勃, 罗佳, 等. 考虑土地利用下基于结构方程的城市交通出行行为影响 [J]. 北京工业大学学报, 2013, 39 (6): 925-929.

[47] 邵晓双, 谭德庆. 城市公共交通状况、羊群效应与私家车厂商市场策略 [J]. 管理评论, 2017, 29 (1): 220-227.

[48] 田丽丽, 张志丹, 周锦文, 等. 天津市慢行交通的现状调查与思考 [J]. 生态经济, 2012 (1): 183-186.

[49] 刘向, 董德存, 王宁, 等. 基于 Nested Logit 的电动汽车分时租赁选择行为分析 [J]. 同济大学学报（自然科学版）, 2019, 47 (1): 47.

[50] 蔺小抱. 汽车尾气污染的外部效应及政府规制 [J]. 价值工程, 2013 (24): 318-319.

[51] 林云华, 乔正鹏. 基于外部性理论的小汽车大气污染成本研究: 以武汉市小汽车为例 [J]. 时代金融, 2017 (33): 207-208.

[52] 邹明辉. 私家车负面外部性治理对策分析 [J]. 科技信息, 2014 (12): 279.

[53] 陈国鹏. "互联网＋交通" 视角下缓解城市交通拥堵的私家车共享模式研究 [J]. 城市发展研究, 2016, 23 (2): 105-109.

[54] 韩彪. 论私家车的可持续发展之路 [J]. 数量经济技术经济研究, 2003 (5): 31-33.

[55] 倪清燃. 私家车消费的负外部性及其治理 [J]. 宁波广播电视大学学报, 2009, 7 (1): 31-35.

[56] 张香平. 城市地区小汽车使用外部性研究 [D]. 北京: 北京交通大学, 2007.

[57] 李倩. 城市私家车使用的内外部成本研究 [D]. 北京: 北京交通大学, 2011.

[58] GARLING. Reintroducing attitude theory in travel behavior research:

The validity Of an interactive interview producer to predict car use [J]. Transportation, 1998 (25): 147-167.

[59] 易如, 张世秋. 油价上调对北京市私家车驾车者出行行为改变的影响 [C]. 武汉: 中国环境科学学会 2009 年学术年会论文集 (第四卷), 2009: 969-975.

[60] 汪涓, 孙艳, 赵芳芳. 北京市私家车车主出行特征调查研究 [J]. 交通标准化, 2011 (21): 153-158.

[61] 郑思齐, 霍焱. 低碳城市空间结构: 从私家车出行角度研究 [J]. 世界经济文汇, 2010 (6): 50-65.

[62] 程伟力. 北美小汽车共用的发展状况 [J]. 交通与运输 (学术版), 2007 (2): 34-37.

[63] 边凯. 基于城市交通拥堵的私家车共乘可行性分析 [D]. 西安: 长安大学, 2012.

[64] 刘清春, 张莹莹, 肖燕, 袁玉娟, 夏海斌. 济南市主城区私家车日常出行碳排放特征及影响因素 [J]. 资源科学, 2018, 40 (2): 262-272.

[65] MONROE K B. The effect of price comparison advertising on buyers perceptions of acquisition value, transaction value and behavioral intentions [J]. Journal of Marketing, 1985, 62 (2): 46-53.

[66] 邵世风. 影响我国家用汽车消费的主要因素 [J]. 统计与决策, 2003 (8): 74-75.

[67] 鲍月. 中等收入群体价值观对私家车购买动机的影响研究 [D]. 沈阳: 东北大学, 2010.

[68] 许亚志. 居民私家车可持续消费行为影响因素研究 [D]. 大连: 大连理工大学, 2011.

[69] 徐国虎, 许芳. 新能源汽车购买决策的影响因素研究 [J]. 中国人口资源与环境, 2010, 20 (11): 91-95.

[70] 杨媚茹, 谭德庆, 毕丽杰. 补贴政策下节能环保汽车购买行为实

证研究 [J]. 西南交通大学学报 (社会科学版), 2013, 14 (5): 120-126.

[71] 唐代芬, 高保生, 彭建明. 私家车消费者购买动机浅析: 以重庆市为例 [J]. 中国经贸导刊, 2017 (11): 50.

[72] 万芳. 基于计量分析法对私家车保有量的影响因素及调控策略分析: 以成都市为例 [J]. 四川师范大学学报 (自然科学版), 2015, 38 (4): 609-616.

[73] 侯杰泰. 结构方程模型及其应用 [M]. 北京: 教育科学出版社, 2004.

[74] BOLLEN K A, LONG J S. Tesing structural equation models [M]. Newbury Park CA: Sage, 1993.

[75] 吴兵福. 结构方程模型初步研究 [D]. 天津: 天津大学, 2006.

[76] 孙连荣. 结构方程模型 (SEM) 的原理及操作 [J]. 宁波大学学报 (教育科学版), 2005 (2): 31-34, 43.

[77] WRIGHT S. The method of path coefficients [J]. Ann. Math. Statist, 1934 (5): 161-215.

[78] 陶薪宇. 中国轿车消费市场的分析 [J]. 商场现代化, 2014 (28): 72-73.

[79] 倪清燃. 私家车消费的负外部性及其治理 [J]. 宁波广播电视大学学报, 2009, 7 (1): 31-35.

[80] ZEITHAML V A. Consumer perceptions of price, quality, and value: a means-end model and synthesis of evidence [J]. Journal of marketing, 1988, 6 (52): 2-22.

[81] SWEENEY J C, SOUTAR G N. Consumer perceived value: The development of a multiple item scale [J]. Journal of Retailing, 2001 (77): 203-220.

[82] SARKI I H. Impact of pakistani university student's cultural values and lifestyles on meaning of brands [J]. Interdisciplinary Journal of Contempora-

ry Research in Business, 2012, 39 (9): 643-654.

[83] CRONIN J J, BRADY M K, HUH G T M. Assessing the effects of quality, value, and customer satisfaction on consumer behavioral intentions in service environments [J]. Journal of Retailing, 2000, 76 (2): 193-218.

[84] THALER R. Mental accounting and consumer choice [J]. Marketing Science, 1985, 4 (3): 199-214.

[85] KOTLER P. Marketing Management 8thed [M]. Englewood Cliffs, New Jersey: Prentice Hall, 1994.

[86] CHANG T Z, WILDT A R. Price, product information and purchase intention: An empirical study [J]. Journal of the Academy of Marketing Science, 1994 (22): 16-27.

[87] JAISWAL A K. Customer satisfaction and service quality measurement in Indian call centres [J]. Managing Service Quality, 2008, 18 (4): 405-416.

[88] KUO Y-F, WU C-M, DENG W J. The relationships among service quality, perceived value, customer satisfaction, and post—purchase intention in mobile value-added services [J]. Computers in Human Behavior, 2009 (25): 887-896.

[89] WU P C S, YEH Y Y, HSIAO C R. The effect of store image and service quality on brand image and purchase intention for private label brands [J]. Australasian Marketing Journal, 2011, 19 (1): 30-39.

致　谢

　　本书是在西南交通大学经济与管理学院的博士生导师谭德庆教授细致的指导下逐步完成的。在我读博士期间，谭教授的博学、睿智深深感染了我，他以严谨的治学态度、诲人不倦的育人精神，优秀的人格魅力征服了我们每一个人。导师对科研课题的敏锐洞察力、深厚的学术功底、高屋建瓴的学术指导每每让我醍醐灌顶，茅塞顿开，受益匪浅。他不仅是我的学业导师，也是我在人生和事业的指引者，帮我在学习、工作上指明方向。跟谭教授学习的这八年中，我看到了导师最为正直的优秀品德、求真务实的工作作风、一丝不苟的科研精神，这些都为学生们树立了光辉的榜样。我是在谭教授悉心地教导中慢慢成长的，在我读博士期间，无论是课程学习，还是论文选题，论文讨论研究及修改定稿，他给予了我无处不在的帮助，可以说，没有谭教授的帮助就没有我这本书的成形，感谢我的导师！

　　读博经历是我人生最为重要的篇章。这段经历有欢乐和喜悦，也有挫折和悲伤，只要拥有不断重振的勇气和坚持的力量，就会走过沼泽，穿过沙漠，来到生机盎然的草原，回过头看或许留下的只是一串串深浅不一的脚印。可以说读博士是对我人生的历练，使我的人生更丰富多彩。有时候，灵感就是那些跋涉旅途中的不经意的高兴或悲伤的经历的闪现。在和老师出差的途中我们萌发了对国内不同类型的城市在外部性上是否有区别的好奇：在这背景下，小汽车，也就是私家车的消费行为会有怎样的不同？在这一灵感的促使下，我确定了课题，于是开始准备资料，探讨和确定研究方法，设计调查问卷……

　　我是一个喜欢追求的人，这些年从没放弃追求的脚步，或许像少年一样有着带点幼稚的执着，不屈从现实，也不会敏感，只是为了心中那美好的理想前行。当然这个过程难免痛苦，但每每遇到挫折，导师都会及时地给予悉心的指导，我不会忘记他的鼓励。在我读硕士的时候谭教授就一直鼓励我要继续读博士，进一步拓展自己的专业空间，工作后又是他给我信心让我走出来继续完成我的梦想。他经常说不要禁锢自己，梦想有多远我们就要走多远，在难以抉择的时候静下来听听心的声音。导师总能在关键的时刻给我关键的坚定与决心，也是这份坚定与决心伴我走了这么多年。有人说，世界是大的，理想是远的，我想说，无论我走到世界的哪一个角落，我都会遥祝导师幸福、安康、快乐。我会带着老师最真挚的祝福和殷切的希望继续前行！

感谢给予我指导的老师们，感谢你们在我读大学到研究生期间对我学术上的帮助。我还要特别感谢王艳、柏钧辉、毕丽杰和其他的同门师弟师妹们，感谢他们参与该书问卷相关工作。从问卷设计、问卷发放到问卷收回和数据处理，他们都给予我很多很宝贵的意见。师弟柏钧辉在统计学软件的应用方面给予我巨大的帮助，使得后期数据处理工作得以顺利进行。

感谢我的家人，我深爱的父母和妻子，感谢你们在我读博和写作期间为我创造优良的学习环境，为此你们承担起家庭的各项事务。还记得年幼时父母的谆谆教诲——要用知识充实头脑，鼓励着我一直不断地学习，即使是在衣食无忧的今天，仍激励着我继续读书和写作以充实自己。特别感谢妻子艳一直以来的相濡以沫、相知相伴，有我们的女儿月在我跋涉前行的路上清纯目光的鼓励，感谢你们默默地支持与付出，感谢你们深深的爱和无边的宽容。这一切让我感到温暖，让我有了战胜一切困难的勇气和力量！最后，值此书完成之际，谨向导师表示最诚挚的谢意！感谢西南交通大学的各位老师，让我拥有了从峨眉走向九里堤的这一段最美好的经历，感谢你们由衷的教诲。你们精彩的课程演讲、专业的学术修养让我受益永远。

最后，我对于西南财经大学出版社的编辑老师对该书的写作、修改及出版策划的指导和帮助表示十分感谢！

唐毅青

2022 年 4 月

附录　城市私家车市场外部性效应调查问卷

尊敬的先生/女士：

您好！首先感谢您抽出宝贵的时间来阅读和回答本问卷！

为了更好地了解城市私家车市场正负外部性效应及其影响因素，我们特进行本次市场调查，我们保证本次调查非商业性质，其调查结果仅用于学术研究使用，对于您提供的信息我们将严格保密。真诚地希望您能认真的填写该问卷，再次对您的合作深表感谢！

第一部分：基本信息

1. 您现在是否拥有汽车：

有　没有

2. 您的性别：

男　女

3. 您的年龄：

35 岁以下　35 岁以上

4. 您的婚姻状况：

已婚　未婚

5. 您的学历：

高中及以下　大学及以上

6. 您的年收入大概为：

3 万元以下　3 万~5 万元　5 万~8 万元　8 万~10 万元　10 万元以上

7. 您目前从事的职业：

党政机关事业单位工作者　企业公司管理者　学生　企业公司一般职员　自由职业者　个体户　离退休人员　无业/下岗/失业　其他

8. 您认为未来 5 年，国内汽车消费趋势怎样？

理性减弱　保持目前的增长水平　加速增长，空间很大　增长速度放缓　增长速度加快

9. 您在近几年是否有购车的计划？

有　没有

如果第 9 题您的答案是"有"，请填写问卷一；如果第 9 题您的答案是"没有"，请填写问卷二。

问卷一

第一部分：在下列各种陈述中，选择您对题项认同的程度。

1. 对下面这句陈述，您的观点是：

题项：私家车数量增加，提高了我购车的意愿。

完全不赞同　不赞同　有点不赞同　一般　有点赞同　赞同　完全赞同

2. 题项解释：随着私家车数量的增加，私家车的价格在近几年都有不同程度的下调，购车手续也相应简化，且政府也有一些减免购置税等政策扶持，进而私家车的购车成本有所下降；但是同时，汽油价格在近几年一直上涨，私家车的维修保养费也是只增不减，相关燃油税等政策的颁布也都提高了我的购车成本。那么在这种情况下，对下面这句陈述，您的观点是：

题项：私家车数量的增加，降低了我的购车成本。

完全不赞同　不赞同　有点不赞同　一般　有点赞同　赞同　完全赞同

3. 题项解释：随着私家车数量的增加，我国公路里程数一直在增加，城市化进程也在加快，公共交通用设施水平也在提高，汽车销售商的售后

服务质量也有所提高，等等这些都提高了我生活的便利度；但是同时，随着私家车数量的增加，道路资源难以承受，城市交通压力大，生活环境日益恶化，居民住宅乱停车等现象凸显，降低了我生活的便利度。那么在这种情况下，对下面这句陈述，您的观点是：

题项：私家车数量的增加，提高了我生活的便利度。

完全不赞同　不赞同　有点不赞同　一般　有点赞同　赞同　完全赞同

4. 题项解释：随着私家车数量的增加，交通事故增多，而且治安问题凸显，严重威到了我们的人身财产安全；但是同时，"车包人好过人包车"的说法也在一定程度上说明汽车保障了我们的人身安全。

题项：私家车数量的增加，保障了我的人身安全。

完全不赞同　　不赞同　　有点不赞同　　一般　　有点赞同　　赞同　　完全赞同

第二部分：在表各种陈述中，醒目标注您认同的数字选项（在认同的选项上打√），各数字选项代表您认同该陈述的程度，1 代表"完全不赞同"，2 代表"不赞同"，3 代表"有点不赞同"，4 代表"一般"，5 代表"有点赞同"，6 代表"赞同"，7 代表"完全赞同"。

	项目	完全不赞同	不赞同	有点不赞同	一般	有点赞同	赞同	完全赞同
顾客期望满意度（Customer Expectation of Satisfaction）								
CS1	我对未来使用私家车比较满意	1	2	3	4	5	6	7
CS2	私家车能很好地满足我的未来需要	1	2	3	4	5	6	7
CS3	我认为私家车几乎是完美的出行工具	1	2	3	4	5	6	7
购买意愿（Willingness To Buy）								
WTB1	我愿意购买私家车	1	2	3	4	5	6	7
WTB2	我购买私家车的可能性相当高	1	2	3	4	5	6	7

项目		完全不赞同	不赞同	有点不赞同	一般	有点赞同	赞同	完全赞同
WTB3	我会向亲戚朋友推荐购买私家车	1	2	3	4	5	6	7
WTB4	即使价格高一点，我也愿意购买私家车	1	2	3	4	5	6	7
感知价值（Perceived Value）								
PV1	私家车的质量比较稳定，达到了可接受的质量标准	1	2	3	4	5	6	7
PV2	私家车的制作比较精良	1	2	3	4	5	6	7
PV3	私家车的安全性能比较好	1	2	3	4	5	6	7
PV4	私家车的外观及舒适度比较好	1	2	3	4	5	6	7
PV5	私家车现有的售后服务比较好	1	2	3	4	5	6	7
PV6	私家车是我所喜欢的	1	2	3	4	5	6	7
PV7	我很想去购买私家车	1	2	3	4	5	6	7
PV8	私家车用起来，感觉很好	1	2	3	4	5	6	7
PV9	购买使用私家车让我很开心，是我生活的一种乐趣	1	2	3	4	5	6	7
PV10	私家车的价格还是比较合理的	1	2	3	4	5	6	7
PV11	私家车的性价比还是比较高的	1	2	3	4	5	6	7
PV12	现有多数私家车还是比较经济划算的	1	2	3	4	5	6	7
PV13	购买私家车不用花费我太多精力	1	2	3	4	5	6	7
PV14	私家车的维修与保养费会给我的生活造成一定的经济压力	1	2	3	4	5	6	7
PV15	拥有私家车让我给别人留下了好的印象	1	2	3	4	5	6	7
PV16	拥有私家车能提高我的社会档次	1	2	3	4	5	6	7

	项目	完全不赞同	不赞同	有点不赞同	一般	有点赞同	赞同	完全赞同
PV17	拥有私家车让我感觉容易被接受，能很快地融入到生活圈层	1	2	3	4	5	6	7
PV18	拥有私家车使我在社会交往中更有自信	1	2	3	4	5	6	7
购买动机（Purchase Motivation）								
PM1	我购买私家车可以满足我新奇感觉	1	2	3	4	5	6	7
PM2	使用私家车，方便快捷，会感觉很时尚现代	1	2	3	4	5	6	7
PM3	购买私家车可以使我跟上潮流，不落伍	1	2	3	4	5	6	7
PM4	使用私家车让我有独立自主的感觉	1	2	3	4	5	6	7
PM5	驾驶私家车外出比较舒适	1	2	3	4	5	6	7
PM6	使用私家车上下班、外出旅游比较方便	1	2	3	4	5	6	7
PM7	拥有私家车是身份地位的象征	1	2	3	4	5	6	7
PM8	驾驶私家车外出会更有面子	1	2	3	4	5	6	7
PM9	私家车可以表达我的一种形象	1	2	3	4	5	6	7
PM10	私家车可以扩大我的活动范围	1	2	3	4	5	6	7
PM11	周围同事/朋友都买车了，我当然也打算买	1	2	3	4	5	6	7
生活方式（Life Style）								
LS1	品牌对我来说，具有较高的诱惑力	1	2	3	4	5	6	7
LS2	我时刻关注汽车产品的最新款的动态	1	2	3	4	5	6	7
LS3	我经常关注流行时尚的趋势变化	1	2	3	4	5	6	7

	项目	完全不赞同	不赞同	有点不赞同	一般	有点赞同	赞同	完全赞同
LS4	我很看重汽车的外观等附加价值	1	2	3	4	5	6	7
LS5	我比较喜欢稳定有保障的生活	1	2	3	4	5	6	7
LS6	我很注意想买的商品的促销打折活动	1	2	3	4	5	6	7
LS7	我不喜欢在公众场合出风头	1	2	3	4	5	6	7
LS8	多数休闲时间，我都是在家和家人度过	1	2	3	4	5	6	7
LS9	我平时很注重健康的生活	1	2	3	4	5	6	7
LS10	我很关注生活环境的变化	1	2	3	4	5	6	7
LS11	我热衷于参与一些力所能及的环保行动	1	2	3	4	5	6	7
LS12	日常生活中，我很注意购买商品的环保性能	1	2	3	4	5	6	7
LS13	我会鼓励朋友提高环保意识	1	2	3	4	5	6	7
LS14	我比较喜欢有挑战性的工作	1	2	3	4	5	6	7
LS15	在工作中，我比别人投入更多的努力	1	2	3	4	5	6	7
LS16	我渴望有很大的成就	1	2	3	4	5	6	7
LS17	我对自己的未来有信心	1	2	3	4	5	6	7
LS18	我经常可以做我喜欢的事情	1	2	3	4	5	6	7
LS19	我喜欢独立的生活	1	2	3	4	5	6	7
LS20	我喜欢坚持自己的个性	1	2	3	4	5	6	7
LS21	我崇尚自由、无拘束的生活状态	1	2	3	4	5	6	7
LS22	我习惯使用高科技产品来处理日常生活事务	1	2	3	4	5	6	7
LS23	我喜欢高科技产品提高工作效率	1	2	3	4	5	6	7

项目		完全不赞同	不赞同	有点不赞同	一般	有点赞同	赞同	完全赞同
LS24	我喜欢尝试高科技产品的新奇感	1	2	3	4	5	6	7
LS25	购买使用新型汽车是很炫的事情	1	2	3	4	5	6	7
环境刺激（Environmental Stimulus）								
ES1	汽车促销活动让我购买我平常不买的其他品牌	1	2	3	4	5	6	7
ES2	如今经济大环境不是很好，影响了我购车的欲望	1	2	3	4	5	6	7
ES3	政府为小排量汽车提供补贴、降低购置税等补助政策，提高了我购车的意愿	1	2	3	4	5	6	7
ES4	现今汽车质量、功能等各个方面都有了很大的提高，促使我有了购车了欲望	1	2	3	4	5	6	7

问卷到此结束，请检查是否有遗漏题项，再次感谢您对我们的帮助！谢谢！

问卷二

第一部分：在下列各种陈述中，选择您对题项认同的程度。

1. 对下面这句陈述，您的观点是：

题项：私家车数量增加，提高了我用车的意愿。

完全不赞同　不赞同　有点不赞同　一般　有点赞同　赞同　完全赞同

2. 题项解释：随着私家车数量的增加，私家车金融服务种类增加，且政府也有一些补助政策进行扶持，进而私家车的用车成本有所下降；但是同时，汽油价格在近几年一直上涨，私家车的维修保养费也是只增不减，相关燃油税等政策的颁布也都提高了我的用车成本。那么在这种情况下，对下面这句陈述，您的观点是：

题项：私家车数量的增加，降低了我的用车成本。

完全不赞同　不赞同　有点不赞同　一般　有点赞同　赞同　完全赞同

3. 题项解释：随着私家车数量的增加，我国公路里程数一直在增加，城市化进程也在加快，公共交通设施水平也在提高，汽车销售商的售后服务质量也有所提高，等等，这些都提高了我生活的便利度；但是同时，随着私家车数量的增加，道路资源难以承受，城市交通压力大，生活环境日益恶化，居民住宅乱停车等现象凸显，降低了我生活的便利度。那么在这种情况下，对下面这句陈述，您的观点是：

题项：私家车数量的增加，提高了我生活的便利度。

完全不赞同　不赞同　有点不赞同　一般　有点赞同　赞同　完全赞同

4. 题项解释：随着私家车数量的增加，交通事故增多，而且治安问题凸显，严重威胁到了我们的人身财产安全；但是同时，"车包人好过人包车"的说法也在一定程度上说明汽车保障了我们的人身安全。

题项：私家车数量的增加，保障了我的人身安全。

完全不赞同　不赞同　有点不赞同　一般　有点赞同　赞同　完全赞同

第二部分：在下表各种陈述中，醒目标注您认同的数字选项（在认同的数字上选项打√），各数字选项代表您认同该陈述的程度，1代表"完全不赞同"，2代表"不赞同"，3代表"有点不赞同"，4代表"一般"，5代表"有点赞同"，6代表"赞同"，7代表"完全赞同"。

项目		完全不赞同	不赞同	有点不赞同	一般	有点赞同	赞同	完全赞同
顾客使用满意度（Customer Use Satisfaction）								
CS1	我对使用的私家车比较满意	1	2	3	4	5	6	7
CS2	私家车的使用能很好地满足我的需要	1	2	3	4	5	6	7
CS3	我认为私家车是目前完美的出行工具	1	2	3	4	5	6	7
使用意愿（Willingness To Use）								
WTU1	我会经常使用私家车	1	2	3	4	5	6	7
WTU2	即使使用成本高一点，我也愿意驾驶私家车	1	2	3	4	5	6	7
WTU3	我会持续使用私家车	1	2	3	4	5	6	7
WTU4	我会推荐朋友使用私家车	1	2	3	4	5	6	7
感知价值（Perceived Value）								
PV1	私家车的质量比较稳定，达到了可接受的质量标准	1	2	3	4	5	6	7
PV2	私家车的制作比较精良	1	2	3	4	5	6	7
PV3	私家车的安全性能比较好	1	2	3	4	5	6	7
PV4	私家车的外观及舒适度比较好	1	2	3	4	5	6	7
PV5	私家车现有的售后服务比较好	1	2	3	4	5	6	7
PV6	私家车是我所喜欢的	1	2	3	4	5	6	7
PV7	我很想去使用私家车	1	2	3	4	5	6	7
PV8	私家车用起来，感觉很好	1	2	3	4	5	6	7
PV9	使用私家车让我很开心，是我生活的一种乐趣	1	2	3	4	5	6	7
PV10	私家车的价格还是比较合理的	1	2	3	4	5	6	7
PV11	私家车的性价比还是比较高的	1	2	3	4	5	6	7
PV12	现有多数私家车还是比较经济划算的	1	2	3	4	5	6	7

	项目	完全不赞同	不赞同	有点不赞同	一般	有点赞同	赞同	完全赞同
PV13	使用私家车不用花费我太多精力	1	2	3	4	5	6	7
PV14	私家车的维修与保养费会给我的生活造成一定的经济压力	1	2	3	4	5	6	7
PV15	拥有私家车让我给别人留下了好的印象	1	2	3	4	5	6	7
PV16	拥有私家车能提高我的社会档次	1	2	3	4	5	6	7
PV17	拥有私家车让我感觉容易被接受，能很快地融入到生活圈层	1	2	3	4	5	6	7
PV18	拥有私家车使我在社会交往中更有自信	1	2	3	4	5	6	7
生活方式（Life Style）								
LS1	品牌对我来说，具有较高的诱惑力	1	2	3	4	5	6	7
LS2	我时刻关注汽车产品的最新款的动态	1	2	3	4	5	6	7
LS3	我经常关注流行时尚的趋势变化	1	2	3	4	5	6	7
LS4	我很看重汽车的外观等附加价值	1	2	3	4	5	6	7
LS5	我比较喜欢稳定有保障的生活	1	2	3	4	5	6	7
LS6	我很注意想买的商品的促销打折活动	1	2	3	4	5	6	7
LS7	我不喜欢在公众场合出风头	1	2	3	4	5	6	7
LS8	多数休闲时间，我都是在家和家人度过	1	2	3	4	5	6	7
LS9	我平时很注重健康的生活	1	2	3	4	5	6	7
LS10	我很关注生活环境的变化	1	2	3	4	5	6	7

项目		完全不赞同	不赞同	有点不赞同	一般	有点赞同	赞同	完全赞同
LS11	我热衷于参与一些力所能及的环保行动	1	2	3	4	5	6	7
LS12	日常生活中，我很注意购买商品的环保性能	1	2	3	4	5	6	7
LS13	我会鼓励朋友提高环保意识	1	2	3	4	5	6	7
LS14	我比较喜欢有挑战性的工作	1	2	3	4	5	6	7
LS15	在工作中，我比别人投入更多的努力	1	2	3	4	5	6	7
LS16	我渴望有很大的成就	1	2	3	4	5	6	7
LS17	我对自己的未来有信心	1	2	3	4	5	6	7
LS18	我经常可以做我喜欢的事情	1	2	3	4	5	6	7
LS19	我喜欢独立的生活	1	2	3	4	5	6	7
LS20	我喜欢坚持自己的个性	1	2	3	4	5	6	7
LS21	我崇尚自由、无拘束的生活状态	1	2	3	4	5	6	7
LS22	我习惯使用高科技产品来处理日常生活事务	1	2	3	4	5	6	7
LS23	我喜欢高科技产品提高工作效率	1	2	3	4	5	6	7
LS24	我喜欢尝试高科技产品的新奇感	1	2	3	4	5	6	7
LS25	购买使用新型汽车是很炫的事情	1	2	3	4	5	6	7

问卷到此结束，请检查是否有遗漏题项，再次感谢您对我们的帮助！谢谢！